ビジネスに効く最強の「読書」

本当の教養が身につく108冊

出口治明

日経BP社

まえがき

「花には香り、本には毒を」、あるいは「偏見なき思想は香りなき花束である」。本についての箴言では、この二つがたまらなく好きです。いくら美しい花であっても香りがなければ味気ないことこの上ない。

そういえば、『**アノスミア**』（勁草書房）という本がありましたね。身につまされましたが、本には毒がなければちっとも面白くない。読後に、毒素が体の奥深く沈殿して、時間をかけてゆっくりとその毒が体中に回ってくるような、そんな本が大好きです。逆に、清涼飲料水を飲んだ後のように、一瞬、すっきりして、その後は何にも残らないような本は苦手です。

　私は本の虫です。無芸無趣味のナマケモノで、一緒にいて楽しい家族や友人がいて、普通にご飯が食べられ、楽しく酒が飲め、ぐっすり眠れたら、人生では後は何もいらないと心底思っています。そして、空いた時間は、もっぱら読書と旅（観劇や鑑賞を含む）に充てています。

　今は、ベンチャー企業の経営に手いっぱいなので、平均すれば、週4～5冊を読むのがやっとです（昔は、その倍ぐらいは読んでいました）。寝る前の1時間本を読むことは、歯磨きと同じくらいの習慣になっています。活字中毒のきらいがあるので、新幹線や地下鉄で移動中も眠っていなければ、大体は本を読んでいます。

　読み始めるとすぐに没入してしまうタイプなので、今でも、週に1回ぐらいは地下鉄を乗り過ごしてしまいます。週末は予定がなければ、ほとんどの時間を読書に充てています。

　一日は24時間しかありません。断捨離が大切です。私は、昔からテレビとゴルフは捨ててい

001

アノスミア
わたしが嗅覚を失ってからとり戻すまでの物語

モリー・バーンバウム著、ニキ リンコ訳

勁草書房

シェフを目指していた著者が、嗅覚の喪失から回復までの日々をつづった一冊。

ます。人間は、島崎藤村の「三智」ではありませんが、人に会い、本を読み、世界を旅すること以外に賢くなる（人間と人間がつくった社会のことを知る）方法はありません。

私はたくさんの人に会い、たくさんの本を読み、たくさん旅をしてきました。自分の足で歩いた町は、世界で軽く１００都市は超えると思います。でも、振り返ってみると、本から受けた影響が最も大きかったような気がしています。例えば、最も尊敬する企業経営者、私のロールモデルはクビライ・カアンです。

読書は本当に楽しいものです。アラブのことわざに「(人生の) 楽しみは、馬の背の上、本の中、そして女の腕の中」とあるぐらいですから。デートより、読書の方が楽しいと7～8世紀のアラブ人は真剣に考えていました。そのおかげで、キリスト教の焚書にもかかわらずギリシャやローマの古典が生き残ったのです。よく知られているように、アリストテレスをはじめとするギリシャ・ローマの古典は、イスラム世界で保存され、アンダルシーアなどを経由して、アラビア語からラテン語に翻訳されてヨーロッパで再発見され、それがルネサンスの土壌になりました。

この本は、日経ビジネスオンラインの連載「ビジネスに効く読書」の中からいくつかを選び、加筆修正してまとめたものです。

そもそものきっかけは、日経ビジネスの広野彩子さんが、私の本好きをどこからか聞きつけて、「月1回でいいから、テーマに沿って、面白い本を紹介する記事を書きませんか？」と誘ってくださったことでした。私はライフネット生命の経営で手いっぱいなので、「書く時間がありません」とお断りしたのですが、「では、私が書きますから、面白い本を教えてくださるだけでいいです」と見事に切り返されてしまった。こうして、２０１２年10月から、日経ビジネスオンラインで「ビジネスに効く読書」と題した連載が始まりました。

広野さんとの月1回、約1時間の対談（取材）は、いつも本当に楽しい時間でした。広野さんのアイデアを基に「その月のテーマ」を一緒に決め、そのテーマに沿って、私が昔読んだ本を何冊か「思い出す」。そして、なぜその本を思い出したのか、そのテーマとのつながりは何かといったことを話す。その本を、広野さんが読んでまとめてくださったのが、「ビジネスに効く読書」です。

こうして連載が1年半ほど続き、取り上げた本も１００冊を超えました。何人かの本好きの友人から、「まとめて一冊の本にしては？」というアドバイスをもらったこともあり、「ビジネスに効く読書」を再構成してまとめました。

出版に当たり、全編にわたって加筆修正しています。
ささやかな本ではありますが、読書好きの私にとって、読書の本を出すということはとても嬉しいことです。この本は、実質的には広野さんがお一人で書き上げたようなもの。また、編集に際しては、日経ビジネスの篠原匡さんのお世話になりました。お二人に心からお礼を申し上げます。それでは、ビジネスに効く本の世界をお楽しみください。

2014年5月

ライフネット生命保険株式会社社長兼CEO　出口治明

皆さんのご意見・ご感想をお待ちしています。
（連絡先）hal.deguchi.d@gmail.com
（読書ブログ）blogs.bizmakoto.jp/deguchiharuaki/
（ライフネット生命のウェブサイト）http://www.lifenet-seimei.co.jp

もくじ

カエサル
プルターク英雄伝
供述によるとペレイラは……
アントニオ・タブッキ

2052
今後40年のグローバル予測
2050年の世界
英「エコノミスト」誌は予測する
The Economist
ジョージ・オーウェル
一九八四年
アンダルシーア風土記
永川玲二
国宝神護寺三像とは何か
1940年体制
さらば「戦時経済」
民主と愛国
小熊英二

竹中治堅著
首相支配
―日本政治の変貌
職業としての政治
マックス・ヴェーバー著
人間の条件
若桑みどり
クアトロ・ラガッツィ
上
黒いアテナ
M・バナール
上
世界正義論
井上達夫
ハドリアヌス帝の回想
マルグリット・ユルスナール

COLUMN

PART 8

老いを実感したあなたが勇気づけられる本

高齢者は、次世代のためになるから生かされている

PART 9

生きることに迷った時に傍らに置く本

過剰な愚痴、嫉妬、自己承認欲求は人生の無駄

伊賀泰代
地頭より
論理的思考力より
大切なもの
THE LORD OF THE RINGS
新版 指輪物語 1
君主論

PART 1

リーダーシップを磨くうえで役に立つ本

権謀術数や面従腹背より
はるかに大切なこと

リーダーシップを磨くうえで一番簡単なのは、偉業を成し遂げた人の足跡をたどり、そのマネをすることです。

私が個人的に尊敬している歴史的なリーダーは、紀元前6〜5世紀に活躍したペルシャのアカイメネス朝・第3代王のダレイオス1世大王と、13世紀に生きたモンゴル帝国・第5代皇帝のクビライが双璧ですが、残念ながら、この2人については日本語で読める多方面から検証された優れた伝記がいまだ書かれていません。

ただ、この2人に勝るとも劣らない歴史的なリーダーはほかにもいます。紀元前100年に生まれたカエサル、すなわちジュリアス・シーザーです。カエサルについては、評伝がたくさん存在しますので、いろいろな角度からカエサルという人物を知るうえでとても都合がいい。それではまず、カエサルが偉大たるゆえんを味わっていきましょう。

カエサルとポンペイウスの〝角福戦争〟

一番のオススメはこの本です。ドイツ人の碩学、マティアス・ゲルツァーによる名著を

002

『ローマ政治家伝 I カエサル』

マティアス・ゲルツァー著、長谷川博隆訳

名古屋大学出版会

徹底調査による詳細なカエサル伝。リーダーのあるべき姿を学ぶバイブルとして最適。

003

『ローマ政治家伝 II ポンペイウス』

マティアス・ゲルツァー著、長谷川博隆訳

名古屋大学出版会

生粋のエリートだったポンペイウスの人生は、カエサルとの対比でより楽しめる。

翻訳した**『ローマ政治家伝』**（名古屋大学出版会）の1巻カエサルです。ハードカバーでかなり読み応えのある本です。冒頭から、カエサルをこう定義しています。

「政治家を政治家たらしめるものとして、二種類の資質がある。一つは、直面する状況をすばやく見渡して、時宜を得た把握をしたうえで、現在の滔々たる流れを冷静に計算しながら時の要求に応えるという才能である。今一つは、より高度なもので、政治的創造力というべきものであり、同時代の人々を新しい軌道に乗せ、新しい状態すらも創り出すものである。カエサルには、この二つの能力が備わっていた」

カエサルについて、最初にこの本を取りあげた理由は、ゲルツァーが同じシリーズでライバルだったポンペイウスについても書いているからです。

2人を対比しながら読むことで、2人の個性が浮かび上がります。分かりやすく言えば、私はカエサルは田中角栄のような人で、ポンペイウスは福田赳夫のような人だったと思っています。

カエサルは名門の出身ではありましたが、決して政治的に恵まれていたわけではなく、早くに父を亡くし、若い頃は政敵（あの冷徹なスッラです）から身を守るため、何度もローマを離れざるを得なくなるなど、下積みのキャリアを長く積んできました。

一方で、多くの女性に恨まれることなくモテ続け、必要とあらばお金を使いまくり、莫大な借金をして公共事業に私費を投じるなど、豪胆でスケールが大きい清濁併せ呑むタイプの政治家でした。

いわばカエサルは、「人たらし」なのです。政治家としては遅咲きながら、持ち前の勘の鋭さと決断力で、あっという間にポンペイウスを追い抜いていきました。

一方のポンペイウスは、エリート育ちで周囲から帝王学を授けられ、キャリアの早い段階から高い職位に就き、手柄がその後の勲章になるような仕事の機会に恵まれて、ことごとく成功体験を重ねます。旧大蔵省のエリートだった福田赳夫とイメージが重なるところですね。そして、カエサルに比べればいざという時の決断力に乏しい。

この2人を対比して読めるにとどまらず、実はゲルツァーのシリーズでは、2014年中にキケロの翻訳が出版される予定です。カエサルとポンペイウスと、その間を取り持ったキケロ。この3人の人物像を立体的に浮かび上がらせることによって、カエサルの人間としてのすごさがより一層、理解できるに違いありません。

カエサルは、ポンペイウスとの戦いの中で頭角を現してきた人でした。カエサルの時代の第一次三頭政治と言えば、カエサル、ポンペイウス、クラッススですが、カエサルの最大の金銭的スポンサーでもあったクラッススはただ裕福だっただけで、この2人に比べればそれほど賢い人ではなかったように思います。当時のローマの政治は、実質的にはカエサルとポンペイウスを軸に動いていました。

004

『ガリア戦記』

カエサル著、近山金次訳

岩波文庫

ガリア戦争におけるカエサルのガリア、ゲルマニア、ブリタニアへの遠征記録。

先ほど述べたように、カエサルとポンペイウスの戦いは角福戦争のようなものだったと思いますが、そういった背景や人物像、人間関係などを頭の中でイメージした後、カエサル本人が書いた**『ガリア戦記』**（岩波文庫）を読むと、なるほどとうなずけるところが多いと思います。

ガリア戦記は、7年にもわたったカエサルのガリア（現在のフランスを中心とした西ヨーロッパ）遠征記です。ガリアの風俗を時に交えながら、淡々と征服のプロセスを綴っていきます。「文は人なり」と言いますが、簡潔で無駄のない引き締まった文体はカエサルその人を彷彿とさせます。

ガリア戦記を読み終えたら、次は塩野七生さんによる**『ローマ人の物語 ユリウス・カエサル ルビコン以前 上・中・下』**（新潮文庫）で、前後の歴史とカエサルの人生をおさらいしてみましょう。ハードカバー版ではカエサルの巻は上下で出版されましたが、手軽に手に取るには文庫本がいいと思います。

シリーズ1巻の冒頭に書かれた文庫本の読者に対する塩野さんの長いまえがきには、ゴチック体、イタリック体など印刷活字が読み手を意識して変わってきたルーツを紹介しながら、いつでも持ち歩けるよう分冊した意図が紹介されていて、この作品に対する著者の熱意が伝わってきます。一冊一冊がコンパクトで、実際、負担なく読み進められる体裁になっています。

005

『ローマ人の物語 ユリウス・カエサル ルビコン以前』
上・中・下

塩野七生著

新潮文庫

著者のカエサルに対する惚れ込みぶりが伝わる、カエサルの魅力がよく分かる一冊。

ところどころに現れる、塩野さん独特の本質を鋭く突く洞察力も魅力です。

「女とは、モテたいがために贈物をする男と、喜んでもらいたい一念で贈物をする男のちがいを、敏感に察するものである」

「絶望は、人を過激にする。とくに、生まじめで思いつめる性質の人ほど、容易に過激化しやすい」

「なぜ権力もなかった時期のカエサルにあれほども多額の借金が可能であったかの考察も、（中略）研究費も大学が負担してくれる現代の研究者等のまじめな考察の範囲に留まっているかぎり、推理も解明も不可能ではないかと思う」

カエサルの名言も、しっかりと紹介されています。ほんの一部ですが引用しましょう。

「理性に重きを置けば、頭脳が主人になる。だが、感情が支配するようになれば、決定を下すのは感性で、理性のたち入るすきはなくなる」

「人々は刑罰について論議するときは、罪とされることの本質を忘れ、刑罰そのものが重いか軽いかしか考えなくなる」

「権力が、未熟で公正心に欠く人の手中に帰した場合には、良き動機も悪い結果につながるようになる。はじめのうちは罪あること明らかな人を処刑していたのが、だんだんと罪なき人まで犠牲者にするようになってくる」

リーダーシップを学ぶ際、リーダーシップを抽象的に論じるよりは、生きた人間のケーススタディーを通じて具体的に学ぶ方が役に立つと私は思います。塩野さんの本は、カエサルについての総まとめに最適です。カエサルを多面的に知ることで、決断とは何か、あるいはリーダーはどうあるべきか、お金はどう使うべきなのかなど、様々な人生の実相が見えてくると思います。

リーダーシップに必要な3つの条件

さて、次のオススメに行きましょう。

皆さんは子供のころ、例えば、英雄に憧れて、偉人伝を読み漁ったりはしませんでしたか。これほど勉強した人がいて、その結果として偉くなったのだから自分ももっと本を読んで勉強した方がいいなとか、人の上に立つということは大変だな、などと子供心にも様々なことを感じた記憶はありませんか。

考えてみれば、私が歴史や歴史上の人物に興味を持つようになった一つのきっかけはこの本でした。**『プルターク英雄伝』**（岩波文庫）です。偉人の人生を知ることで、多くのことが学べるのだと教わった本です。

この本は、ローマとギリシャの代表的な英雄を対比させ、人物像をつぶさに紹介していきます。対比して読むと本当に分かりやすい。生徒会長を務めた小中学校時代、私も『プルターク英雄伝』を読みながら「人の上に立つのは本当に大変だ」などとしみじみと思ったものでした。

私自身は、リーダーシップには最低3つの条件があると思っています。何かをしたい、何かを変えたい、という強い気持ちがあることがまず最低条件の一つ目です。ただ偉くなりたいだけの人をリーダーに選んではいけません。何かをしたいという「強い思い」がある人をリーダーにしなければなりません。

第2に、自分のしたいことをメンバーにきちんと話して共感を得る力がなければなりません。というのも、人間は面従腹背ができる動物だからです。現実には、「仰せの通りです」と言って、裏で足を引っ張るような人が山ほどいます。それが

006

『プルターク英雄伝』

河野与一訳

岩波文庫

アレキサンダー大王、カエサル、ブルータスなど英雄の生涯を描いた出色の英雄伝。

人間の社会です。やりたいことがあり、共感を得ることができて初めて「旅」の仲間が集まります。

ただ、旅を始めれば、毎日晴れの日ばかりが続くわけではありません。土砂降りにでもなれば、誰でも怖気づいて、今日は帰ってしまおうかと思ったり、思いがけなく心が折れたりすることだってあります。そんな時に、丁寧にコミュニケーションを取って、最後の目的地までメンバーを引っ張っていく統率力が必要です。

統率力はともすれば誤解を招きやすい言葉で、黙って俺についてこいとか、俺の背中を見て考えろとか、不毛な精神論を述べる人がいますが、そうではありません。

背中を見ても、スーツの背中には何も書いてありません。たとえ着ているTシャツの背中に「根性」などと書いてあったとしても、そんなものは全く役に立ちません。私は、弱った仲間、元気のない仲間と丁寧にコミュニケーションを取りながら、励まして、うまく目的地まで引っ張っていくことができるコミュニケーション力があれば、3つ目の条件としては十分だと考えています。もちろん、ほかにも人格や判断力などリーダーの条件は言い出せばきりがないのですが、一人の人間にそれほど多くを求めてはいけません。

むしろ、やりたいことが明確にある（強い気持ち）、共感力、統率力、この3つですらすべてを持っている人はほとんどいないと思います。疑う人は歴代の総理大臣の顔を思い浮かべてください。

本当にやりたいことがあったか、市民にきちんと説明して共感を得る力があったか、党内の反対派や野党と丁寧にコミュニケーションを取って実現する統率力はあったのか。どうです？　歴代の総理大臣の多くはこの3つを兼ね備えていなかったでしょう。ということは、普通の会社にはこの3つの条件すべてを持っている人などほとんどいないと考える方が自然です。強い気持ちさえリーダーにあれば、後はチームワークで補えます。

従って、リーダーにすべてを求めてはいけません。これからのリーダーシップのあり方は、チーム全員がイニシアチブを取って仕事をしていくということだと考えます。

『君主論』は権謀術数の書にあらず

これまで、どちらかといえば硬派な本を紹介してきましたが、ここで伊賀泰代さんの『**採用基準**』（ダイヤモンド社）をご紹介します。

この本に書いてあることは、結局のところ全員がリーダーシップを持たなければいけない、リーダー一人にすべてを求めてはいけない、ということだと思います。平易な本ですが、リーダーがだらしがないからダメなのだ、と他人のせいにしてリーダーを責めているばかりでは、国も社会も一向に良くなりません。みんながイニシアチブをとってリーダーシップを発揮していく――。これからは、そう考えるべきではないでしょうか。

映画「ロード・オブ・ザ・リング」の基になった、トールキンの**『指輪物語』**（評論社文庫）を読んでも同じ感想を持ちます。主人公のフロドは、あえて述べれば新しいタイプの理想的なリーダーの一人だと思います。

イメージ的にはフロドはとても弱い人格なのですが、迷いに迷いながらも、世界を滅ぼす悪の指輪を火山の火口に投げ捨てて世界を救うのだ、という強い思いだけは最後まで決して捨てることがありません。迷っても迷っても、何度も立ち上がって、最後には指輪を捨てて世界を救います。

リーダーに必要なのは、たくましさなどといった表面的なイメージではなく、強い思いを持っていて絶対にそれを捨てないという内面の資質です。

007

『採用基準』

伊賀泰代著

ダイヤモンド社

マッキンゼー・アンド・カンパニーで採用担当をしてきた著者が、組織で求められる人材像を描く。

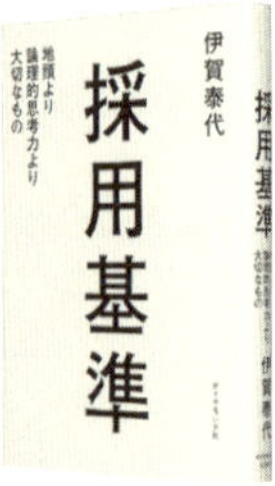

思いを捨てなければ望みはかなうのです。そういったフロドの強い思いを感じて、フロド以上の高い能力を持つ旅の仲間がフロドを助けるのです。

ですから、リーダーの最大の条件は、やはり強い思いを持ち続ける力だと思います。やりたいことがあって初めて人はついてくる。これを機に、週末に家族でロード・オブ・ザ・リングのDVDをご覧になってはどうでしょうか。

23ページでも触れましたが、私がリーダーシップに目覚めたのは、小学6年生で生徒会長に選ばれた時でした。人の心をつかむのがこれほど難しいとは……と、かなり悩んだ記憶があります。正論だけでは人はついてこないということも、おぼろげながら理解したように思います。

私は今、ライフネット生命というベンチャー企業を経営していますが、強い思いを持ち続けているかどうか、常に自問しています。私の強い思いの中身は、ミッション（保険料を半分にして、安心して赤ちゃんを産み育てることができる社会を創りたい）、コアバリュー（真っ正直に経営し、情報公開を徹底し、分かりやすくて安くて便利な

008

『指輪物語』

J.R.R.トルーキン著
瀬田貞二訳、田中明子訳

評論社文庫

米国映画「ロード・オブ・ザ・リング」で再び脚光を浴びた冒険譚。

商品・サービスを供給するというマニフェスト）、ビジョン（100年後に世界一の保険会社になる）の3つです。

　さて、ファンタジーや映画まで出てきましたので、最後にまた古典の硬い本で締めたいと思います。マキアヴェッリの**『君主論』**（岩波文庫）です。

　リーダーシップの古典的なテキストとして、例えばキツネとライオンのどちらがいいか、あるいは愛されるのと恐れられるのとどちらがいいか、一つの組織を率いていくとはどういうことか――などリーダーシップの太い骨格が、『君主論』にはほとんど網羅されていると私は思います。

　マキアヴェリズムと言う言葉があるように、マキアヴェッリは結局、権謀術数について書いただけなのではないかという人もいます。そんな人は、虚心坦懐に一度、本書を読んでみてください。そんな些末なことが書かれているのではありません。この本を丁寧に読めば、リーダーとは何か、人を率いるというのはどういうことか、人を「使う」とはどういうことか、といった大枠がきちんと、

009
『君主論』
マキアヴェッリ著、河島英昭訳
岩波文庫

リーダーに必要な心構えとスキル、取り巻く人々の深層心理のつかみ方などを書いた古典。

しかも明確に理解できると思います。

例えば、こういった部分です。

「およそ名のある人物にあって新たな恩恵がかつて加えられた古傷を忘れさせられると信ずる者は、欺かれる」

「人間は本性においては、施された恩恵と同様に、施した恩恵によっても、義務を感じ合うものなのである」

「君主たる者は、（中略）憎悪や軽蔑を招くような事態は逃れるように心しなければならない。（中略）軽蔑を招くのは、一貫しない態度、軽薄で、女々しく、意気地なしで、優柔不断な態度である」

さて、いかがでしたでしょうか。

21世紀の日本を引っ張るリーダーとはどのような人物であるべきか、自らがリーダーになるにはどういった心構えが必要か、皆さんもいろいろと考えてみてください。

ドン・キホーテのごとく
朗読者
供述によるとペレイラは……
アントニオ・タブッキ
白い

PART 2

人間力を高めたいと思うあなたに相応しい本

優れた古典や小説には人のあり方のすべてがある

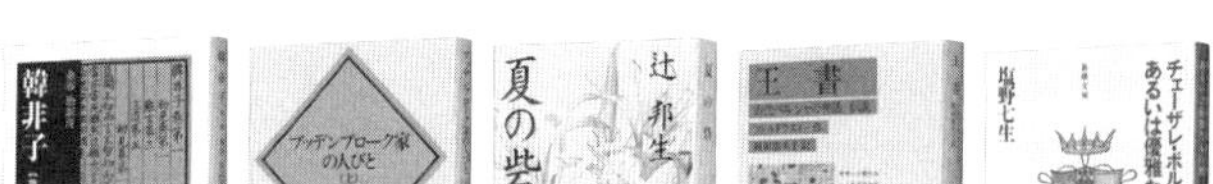

私は昔から活字中毒で、たくさんの本を読んできました。新聞も毎朝欠かさず複数紙読んでいます。私が本を読む時は、原則として作者の思考のプロセスをたどりながらじっくり読みますので、読み返すことはあまりありません。

ビジネスを進めるうえで本当に役に立つ本は、圧倒的に古典に多いと思います。なぜなら、そこには様々な人間がリアルに描かれているからです。つまり、古典を読めば人間力（人間に対する洞察力）が高まるのです。ビジネス書を10冊読むよりも、古典1冊を読んだ方がよほど役に立つ。そこで、今回は人間力を高めるうえで役に立つと思う古典をご紹介しましょう。

まずは**『韓非子』**です。岩波文庫から出ていて、1巻から4巻まであります。4分冊なので読みやすく、1冊読んでつまらなければやめてしまえばいいので気軽に手に取ってみてください。中国の歴史の中で一番面白いのは、春秋戦国時代だと思います。『韓非子』は、まさに百家争鳴の時代に生きた天才・韓非が描いた物語です。

ビジネスに携わっていると、日々様々な相手と

010

『韓非子』第1～4冊

韓非著、金谷治訳注

岩波文庫

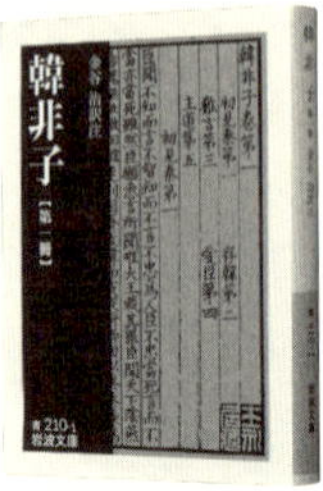

性悪説に基づく支配者の統治論。信用できない人々を効率的に動かすにはどうすればいいのだろうか。

仕事をしなければいけません。腹黒い人もいれば、寛大な人もいる。冷たい人も温かい人もいる。いろいろな人がいるからこそ、様々なビジネスが生まれるということでしょう。

新しいアイデアが出ない時、仕事で失敗した時など、ぜひ韓非子を手に取ってみてください。世の中には様々な人間がいて、面白くもあれば面倒くさくもある。そして、春秋戦国時代から人の本性というものは何も変わっていないということが実感できるのではないでしょうか。韓非は文才もあり、数多くの名言も残していますので、語彙を吸収するのにもとてもいい本です。

次に、**『ブッデンブローク家の人びと』**（岩波文庫）をご紹介しましょう。トーマス・マンの不朽の名作で、上・中・下の3分冊になっています。簡単に説明すると、ドイツのあるブルジョアの一族が繁栄し、そして滅んでいく過程を4代にわたって描いた物語です。これが大変普遍性があって面白い。

まず、初代当主がビジネスを立ち上げます。この人はきちんとした教育も受けておらず、いわゆるたたき上げの「成り上がり」です。ひたすら金

011

『ブッデンブローク家の人びと』
上・中・下

トーマス・マン著、望月市恵訳

岩波文庫

あるドイツのブルジョア家庭の4代にわたる変遷と衰退を描く。

もうけにいそしんで一生を送るわけです。

2代目は豊かな教育を受けて育ち、一方でお父さんから商才も受け継いでいる。バランスがいいわけですね。比較的余裕のある生活の中で、芸術にも憧れるようになります。

そして、3代目は生まれた時から貴族で、ひたすら芸術の世界に耽ります。当然のことながら商才は乏しく、財力は衰えていき、ブッデンブローク家は衰退の一途をたどっていく。

優れた古典は心の栄養になる

一家の繁栄と没落の物語は、歴史上では15世紀のフィレンツェのメディチ家（兄脈）が有名ですね。精悍な祖国の父コジモ、通風病みのピエロを間にはさんで、ロレンツォの代には国庫にまで手をつけてメディチ銀行のビジネスはめちゃくちゃになるのですが、一方では文化的な爛熟期、つまりルネサンスは最盛期を迎えました。経済力のピークと文化の爛熟のピークにはタイムラグがあるということがよく分かります。

これは人間の社会にも同じことが言えそうです。国や社会が勃興して大きくなり、そのうち成熟して芸術に惹かれ、やがて没落していく。『ブッデンブローク家の人びと』は、この普遍的なストーリーをある一族の歴史という形でとても上手に描いている小説です。人はずっと金もうけだけを続けていくことはできない、どんな国や社会でもやがては滅んでいく。そういった本質を示唆しています。

ちなみに、この作品は、いろいろな作家にインスピレーションを与えています。例えば、辻邦生の**『夏の砦』**（文春文庫）は、この作品をモチーフにした美しい物語ではないでしょうか。

それにしても、欧米諸国は経済のピーク時に芸術品をしこたまため込みましたが、日本はバブル期に何をため込んだのでしょうか。せめて世界中の美術品を買い占めていればよかったのに、と皆さん思ったりしませんか。

「経済指標はGDP（国内総生産）だけじゃない、人々の幸福度を測る幸福指数の方が重要だ」などと言う人もいますが、幸福については、ともかくご飯代をサステイナブルに稼げるようになってから考えましょうと言いたいです。私はGDP派で

012

『夏の砦』

辻邦生著

文春文庫

北欧の都会で忽然と姿を消した主人公。美しい文体で描かれる悲観の中の希望。

す。そもそも高齢化が進む中で、お金がなかったらセーフティーネットもつくれません。まだまだ日本は、ブッデンブローク家のせめて2代目でいてほしいものです。

3冊目はペルシャの物語、フェルドウスィーの**『王書』**（岩波文庫）です。日本で言えば、古事記と平家物語を足して2で割ったような作品だと思います。

平家物語には、諸行無常、盛者必衰などいくつもの有名な言葉がありますが、『王書』を読むと実にそっくりであることに驚かされます。英雄や神様が大勢登場する、中央ユーラシアの人々の精神的な核になっている、古代ペルシャの人々の魂の物語です。別の言葉で言えば、ペルシャ版「諸行無常」の物語です。

中国と同様に、ペルシャには優れた文学や詩が山のように残っています。人間はいずれは死ぬわけで、くよくよしても仕方がありません。一度しかない人生なのですから、今日と明日を一所懸命生きるしかない。そんなふうに思わされる一冊です。

2000年前に書かれた『韓非子』は4冊、1000年前に書かれた『ブッデンブローク家の人

013

『王書』

フェルドウスィー著、岡田恵美子訳

岩波文庫

神話・伝説・歴史時代の三部構成からなるペルシャ建国の物語。

びと』は3冊、約1000年前に書かれた『王書』はたったの1冊です。これらの本が示す物語や教訓は、ビジネス書で読むと身近過ぎて身につまされたりしますが、遠く離れた世界の物語だと心の栄養になります。どれも古い本ですが、間違いなく人間力を磨くと思います。

『韓非子』と『ブッデンブローク家の人びと』は高校生の時、『王書』は社会人になってから読みました。大学を出て日本生命に入社した時、『韓非子』の登場人物のいわばミニチュア版が会社の中にたくさんいることに気がつきました。それに気がつくと、彼らの行動も読みやすくなります。また、中東を旅すると、『王書』の内容を知っているだけで、いろいろなことがよく分かってきます。ここでは、様々な人間を知るということで、東洋と西洋と中央ユーラシアの代表的な古典を1冊ずつ取り上げてみました。

古典に勝るとも劣らない現代の秀作

さて、古典3作品だけでは物足りないという方がいるかもしれませんので、人間力を磨く優れた現代の小説についても触れておきましょう。
最初は先ほども登場した塩野七生さんの処女作、**『チェーザレ・ボルジアあるいは優雅なる冷酷』**（新潮文庫）です。

この本は何度も読み返しているのですが、読むたびに新しい発見があります。大成する作家は処女作が一番素晴らしいとか、あるいは処女作の中にすべてがあるとかいう人がいますが、私自身もそう思います。この作品に、塩野さんの良いところがすべて凝縮されていると思います。

世評が高いのは20ページでも触れた『ローマ人の物語』（新潮文庫）で、私も全巻読みましたが、50年先まで残るかどうかと言えば、『チェーザレ・ボルジア』の方に軍配が上がると思います。塩野さんが文学に真正面から取り組もうとした時の情熱というか気迫が感じられ、将来の塩野さんを予見させるみずみずしさと、良い意味の「毒」がたっぷり詰まっている素晴らしい小説です。

チェーザレ・ボルジアはルネッサンス期の軍

014

『チェーザレ・ボルジアあるいは優雅なる冷酷』

塩野七生著

新潮文庫

塩野七生氏の処女作。『ローマ人の物語』に連なる著者の問題意識がうかがえる。

人・政治家で、イタリアという国家を構想した偉大な人物です。「妹と関係を持った」とか、「毒薬を使った」とか、一般には大変評判が悪い人物ですが、そのチェーザレ・ボルジアをこれほど豊かに、魅力的に見せてくれる小説はほかにはないのではないでしょうか。純粋に物語として楽しんでも大変面白いこと請け合いです。

2冊目は少しボリュームがあり、上下2冊になりますが、スティーヴン・マーロウの**『ドン・キホーテのごとく セルバンテス自叙伝』**（文藝春秋）です。

人間の類型は、実は3パターンしかないと言われることがあります。それはドン・キホーテ型、ハムレット型、そしてドン・ジョバンニ（ドン・ファアン）型の3タイプです。この3つの類型はほぼ同時期に造形されており、先ほどご紹介したチェーザレ・ボルジアより100年ほど後、1600年を少し過ぎた時代のことです。

後ろから順番にいきますが、ドン・ジョバンニは、平たく言えば「人生は恋だ」といったイメージです。ただしリアリストですから、あまり面白くはないかもしれません。

015

『ドン・キホーテのごとく セルバンテス自叙伝』

スティーヴン・マーロウ著、増田義郎訳

文藝春秋

ドン・キホーテの作者セルバンテスの波瀾に満ちた生涯を描く伝記。

ハムレットは人気があるように思いますが、モラトリアム人間の代表格と言っていいでしょう。いわば「決められない人」。決断ができずにずっと悩んでいる人というのは、あまり魅力を感じませんね。

そして、ドン・キホーテは、夢を見て、たとえ失敗してもともかく突進する人です。夢想家と言ってもいい。失敗しても失敗しても突進していく人は、人間としてはとても面白い。3人のうちで誰が一番面白いかと言えば、間違いなくドン・キホーテでしょう。

面白いのは、ドン・キホーテを生んだセルバンテスも同様です。

ハムレットをつくったシェイクスピアは、本当にいたのかどうかも分からない謎の人ですし、ドン・ジョバンニをつくったセビージャのお坊さんも、どんな人なのか詳しくは分からない。それに比べてセルバンテスについては様々なことが分かっていて、人物像がはっきりしています。

レパントの海戦に従軍してアルジェリアでアラブの捕虜になり、いろいろな辛酸をなめました。普通はそういう体験をするとリアリストになりそうなのに、当時の平均寿命をかなり超えたおじいさんになってから亡くなるまでの10年間の間に様々な作品を生み出している。俳優・松本幸四郎さんのミュージカル『ラ・マンチャの男』のように、セルバンテスを扱ったミュージカルもありますね。

その生涯を、セルバンテスの自叙伝という形で小説にしたのが、『ドン・キホーテのごとく』です。スティーヴン・マーロウの文章は読ませます。ぜひ異才の生涯を堪能してください。登場人物も多く、どこか猥雑で、雑多な曼荼羅的な面白さがあります。極論すれば、人生の喜怒哀楽のすべてがこの物語にぎっしりと詰まっているといっていいでしょう。

もう一冊、典型的なクラシックスタイルですが、ベルンハルト・シュリンクの『**朗読者**』（新潮文庫）もオススメです。

映画にもなりましたが、文章が大変美しく、りんとした雰囲気のある小説です。若者の淡い恋と戦争の悲惨さをミックスした、重いテーマでありながらも素晴らしい小説です。『ドン・キホーテのごとく』と比べれば登場人物も少なく、近代の演劇を見るような、緊張した空間の中で優れた小説構成が出来上がっています。

さらに、2012年に亡くなった、アントニオ・タブッキの『**供述によるとペレイラは…**』（白水Uブックス）もオススメです。文章表現もひょうひょうとした感じで読みやすいのですが、物語を進めていくスタイルがまた面白い。誰が取り調べ

016

『朗読者』

ベルンハルト・シュリンク著、松永美穂訳

新潮文庫

母親ほど年上の女性と恋に落ちた15歳の少年。2人の愛に、戦争が影を落とす。

をしているのか分からないのですが、「供述によるとペレイラは…」で文章が始まり、それだけで物語全体を構成しています。物語はテーマと構成がある意味ですべてです。

舞台はファシズムの影が忍び寄るポルトガル。リスボンの小さな新聞社で、文芸を担当している妻を亡くした中年男性記者ペレイラが、ある若者たちとの出会いから思いもかけない運命の変転に見舞われる物語です。薄くて気軽に読める本ですが、思想的な統制のにおいが強く漂う不穏な社会背景をしっかり描写しており、物語としての奥は大変深い。これは本当にオススメです。

ここまで来たら、また歴史をちょっとさかのぼって、オルハン・パムク氏の**『白い城』**（藤原書店）はどうでしょう。

パムク氏はノーベル文学賞を受賞したトルコ人で、『白い城』は初期の傑作です。イスタンブールに奴隷として売られたベネチア人とそのオーナーの物語で、この2人がしまいには入れ替わっていくのです。東と西、まさに欧州とアジアの懸け橋と言われるイスタンブールを舞台にした小説ならではの醍醐味があります。

017

『供述によるとペレイラは…』

アントニオ・タブッキ著、須賀敦子訳

白水Uブックス

ファシズムの影が忍び寄るポルトガル、中年記者ペレイラは思いがけぬ事件に巻き込まれる。

ここまでで読者の皆さんがご存じのラインアップは何冊ありましたか。ひょっとしたら1冊も読んだことがないかもしれませんね。それなら本望です。読書オタクの私がもう1回読みたいという前提ですから（笑）。読者の皆さんが知っている本ばかりだったらあまり面白くはないですよね。

3冊の古典に続けて、日本、英国、ドイツ、イタリア、トルコの5冊の現代小説を紹介しました。優れた小説は人間観察が秀逸です。それを読み込むことによって、私たちの人間に対する理解力は少しずつ養われていく。人の心をつかむためには、様々な人間のあり方を知ることが何よりも大切だと私は思います。

018

『白い城』

オルハン・パムク著
宮下遼訳、宮下志朗訳

藤原書店

17世紀のオスマン帝国を舞台に、東洋と西洋の間でせめぎあう人間模様を描く。

宇宙は本当に
ひとつなのか
宇宙論と神
バウドリーノ
上

西 遊 記
【一】
預
言
者

PART 3

仕事上の意思決定に悩んだ時に背中を押してくれる本

読み応えのある超ド級の〝原典〟で脳を鍛えよう

企業の経営者や管理職になると、誰にも相談できない深刻な悩みを抱えることがあります。そういう悩みは、身近な人に相談しても解決するわけではありません。そんな時はどうしたらいいのでしょうか。今回は意思決定に悩んだ時に、背中を押してくれるとっておきの本を選んでみました。まずは正攻法で選んだ本をご紹介しましょう。

まず、あなたが今ものすごく悩んでいるとします。ここで、そもそも何がそんなに悩んでいるのかを考えると、あなたの「脳」が悩んでいるわけです。実は、この脳というのは厄介で、妙な癖がいっぱいある。悩みの根源に迫るには、それこそ頭を抱えて考える前に、悩んでいる主体である脳の癖を正しく理解することが欠かせません。

019

『脳には妙なクセがある』

池谷裕二著

扶桑社新書

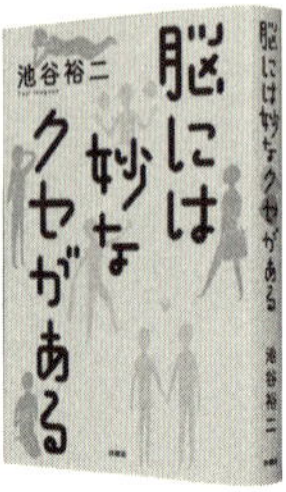

気鋭の脳科学者が明かす人の脳の避けられない「クセ」。脳を通して人の心の動きを理解しよう。

そのためには、まず頭を柔軟にほぐす「アイスブレーキング」が必要です。そこで、池谷《いけがや》裕二さんの**『脳には妙なクセがある』**（扶桑社新書）を読みましょう。この本は脳のアイスブレーキングにはうってつけです。

池谷裕二さんは、東京大学大学院薬学系研究科の准教授です。この本の著者紹介によると、これまで未解明だった脳内における神経細胞同士の結合部（シナプス）形成の仕組みを解明して米科学誌「サイエンス」に発表した、とのこと。世界一流の脳科学者ですね。

日本には脳科学者が大勢いますが、池谷さんはとび抜けた「天才」だと思います。とにかく読みやすくて楽しい本で、「本物」の素晴らしさを知ることができます。男性ホルモン、女性ホルモンの驚くべき働きや、「○○しておけばよかった」という「後知恵バイアス」、さらには「ブランドにこだわる理由」など数多くのテーマを取り上げており、とにかく面白い。ここで種明かしをするより、まずは読んでみてほしいと思います。

頭をアイスブレークすれば、「なるほど、脳というのはこういうものか」「これで自分は悩んでいるんだな」とある程度納得できるのではないでしょうか。人間の脳というのは本当に厄介ですが、愛すべき存在でもある——ということがよく分かると思います。17ページで触れた『カエサル』や『ポンペイウス』は、少し襟を正して正座して読みたい本でしたが、この本は電車の中でも気軽に読めますので、ぜひどうぞ。

さて、1冊目で頭をアイスブレークしたので、硬派な路線に戻りましょう。仕事に悩んでいる時に心の支えとなるのは、どんなすごい人でも実はみんな悩んでいた、という当たり前の事実を知ることではないでしょうか。

人の悩みのほとんどは、実は人間関係から生じます。仕事の内容という人もいるかもしれませんが、上司との関係、周囲との関係といった人間関係が一番の悩みの種で、それは古来変わっていないと思います。

歴史上の偉人も同じように悩んでいた!

名著の宝庫である中国には、**『貞観政要 上・下』**（明治書院）と、**『宋名臣言行録』**（講談社）という、このテーマにうってつけの優れた書物があります。どちらもリーダーシップの定番でもあります。この二つを読むと、古代中国において立派な王様や家来がいかに悩んできたかがものすごくよく分かると思います。

『貞観政要』は立派な王様と、立派な家来の物語です。立派と立派の組み合わせです。この王様は唐の太宗、李世民です。読み応えは十二分にあり

020

『貞観政要』（新釈漢文大系）上・下

原田種成著

明治書院

リーダーシップを体得するために欠かせない必読書。じっくり味わいたい。

ますが、本当に仕事で悩んでいるエグゼクティブが軽いものを読んで癒されると思うのは大きな間違いです。悩みに匹敵するような、ずっしりと重いものを読まなければ、どだい解決にはなりません。

『宋名臣言行録』は、朱子学を創設した朱熹の編纂といわれています。朱熹は、歴史にイデオロギーを持ち込んだ人です。『三国志』では曹操の魏が正統政権だったのは明らかなのに、劉備の蜀を正統としました。朱熹は南宋の人で、北の遊牧民を憎んでいたのです。

宋の時代は旧法と新法が争いました。新法を立ち上げた王安石は、中国の長い歴史の中でも恐らく屈指の天才的な宰相でした。歴史上これほど立派な人はそういないでしょう。いち早く重商主義を唱えた人でもあり、なんと西洋より500年も早かった。王安石の政策は富国強兵という目的に照らして一分の隙もなく、すべてが整合的に組み立てられており、惚れ惚れします。

王安石は極めて合理的で近代的な人でしたが、一方で朱熹は新法が嫌いで、旧法をあがめた人でした。それゆえに、王安石のグループはあまりよ

021

『宋名臣言行録』

梅原郁著

講談社

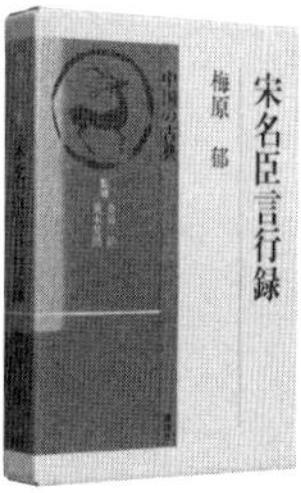

曹彬、王安石ら宋の名臣たちの功績を集めた本。リーダー必読の帝王学。

く書かれているようには見えません。イデオロギーを持ち込んだというのは、そうした意味においてです。とはいえ、初代皇帝や第2代、第3代皇帝に仕えた人は立派な人ばかりで、最初の方のエピソードはとても面白いです。

『貞観政要』と違って、立派な王様と立派な家来の組み合わせだけではなく、アホな王様と立派な家来という組み合わせがあるなど、いろいろなパターンが出てきます。ご紹介しているのは抜粋版ですが、まずは抜粋で十分でしょう。

『貞観政要』や『宋名臣言行録』は大変有名なため、経営に役立ちそうな部分を抜き出した、「『貞観政要』をこう読む」とか、「『宋名臣言行録』をこう読む」とかいった類の本が数多く出ています。でも、それは著者に都合のいい部分を切り張りしているだけです。『貞観政要』も『宋名臣言行録』も原典をそのまま読んでみてください。読み応えのある超ド級の「重たい」本をしっかりと読み、悩みを吹き飛ばしてください。飲み屋のおじさんやおばさんに悩みを聞いてもらい、「元気出しなさいよ」と言ってもらって払う1万円よりはるかに役に立ちます。本は投資ですからね。

それでは、次に西洋の本に移りましょう。究極的なリーダーの決断は、やはり戦争ではないでしょうか。生きるか死ぬか。自分の生き死にも懸かっているし、部下の生き死にも懸かっている。何より国の生き死にが懸かっています。

ある意味、戦争は経営の極限の姿だと思います。「右へ行け」と言った自分の判断で何百、何千という部下が死ぬかもしれない。その判断の重さを考えたら、そう言わざるをえません。「政治は血を流さない戦争であり、戦争は血を流す政治である」というクラウゼヴィッツの有名な言葉があります。決断は本当に難しいものです。

戦争について人間がどう考えてきたか、その最高の古典の一つは、クラウゼヴィッツの**『戦争論 上・下』**（岩波文庫）です。経営者の間でも好まれ、多くの解説本が出版されているようですが、やはり原典を読まなければいけません。

読書はスポーツと一緒です。ジムに行っても、疲れるからと軽く運動しているだけではジムにお金を落とすだけに終わってしまう。筋肉痛になるぐらい本気になって鍛えないと、筋肉もつかないし、体重も落ちないでしょう。これは脳も一緒。ある程度読み応えのある本を読んで脳に負荷をかけなければ、「考える力」が鍛えられませんし、貴重な先人の経験も身につきません。

022

『戦争論』
上・下

クラウゼヴィッツ著
篠田英雄訳

岩波文庫

プロイセンの将軍カール・フォン・クラウゼヴィッツが書いた、軍事戦略の古典。

最初に池谷さんの本を読んで脳の癖を理解したわけですから、後はとびきり重い剛速球に食らいついて、必死に打ち返してみる。剛速球を正面から打ち返すのはかなりしんどい作業ですが、負荷を自分に与えることで初めて、仕事や経営の悩みに対して曙光が見えてくるのではないでしょうか。軽いものを読んで解決できるような悩みなら、しょせん大した悩みではありません。

実は、『貞観政要』が腑に落ちた経験があります。前の会社にいた時、他の部門のスタッフで、私が何かを頼むと走ってきて応えてくれる人がいました。いつでもそうなので、部下と飲んでいる時についこう漏らしてしまいました。「あいつは偉いやつやな」「なぜですか」「だって、何を頼んでも走ってくるじゃないか」。

すると部下にこう言われました。「出口さんがそこまでアホとは。愛想がつきますよ。あの人は出口さんが偉くなると思っているから走ってくるのですよ。私たちが頼むと何一つまじめにやってくれませんよ。そんなことも分からないのですか」と。

それから、注意深く彼のことを観察するようになりました。部下の言った通りでした。太宗の三鏡の話が腹落ちしました。人はゴマスリには絶対かなわない。「王様は裸だ」と言ってくれる魏徴のような部下を持たなくてはと、心から思ったものです。

023

『自分のアタマで考えよう』

ちきりん著

ダイヤモンド社

人気ブロガーとして知られるちきりんさんが、不確実な社会をどう生きるか指南した本。

人間の歴史は99％の失敗の上に成り立っている

さて、剛速球を必死で打ち返し続けると、脳はへとへとになります。ただ、球が重かった分、頭の中には様々な毒が残っていると思います。「花には香り、本には毒を」ですから。恐らく、こうした読書でしか得られない「何かの毒」が頭の中に残っているはずです。

でも、「これで終わり」と思ったらダメです。学んだことをテコにして、自分の頭で考えて意思決定を下し、問題を解決しなければいけない。重いものをたっぷり読んだ後、総仕上げとして、「自分の頭で考える」ということについておさらいしましょう。

それに役立つのが、ちきりんさんの『**自分のアタマで考えよう**』（ダイヤモンド社）です。いくらインプットしても、自分の頭で考えない限り何の役にも立ちません。当たり前ですね。材料がない空っぽの頭で考えてもアイデアはちっとも出てきませんが、東西の重い書物を既に3冊分詰め込んだわけですから、もう大丈夫でしょう。詰め込んだ後は総仕上げとして自分の頭で考え、意思決定して行動を起こす番です。この本を読めば、自分が行動していかなければ世界は変わらないことが分かるはずです。

こんなことを言うと、一所懸命考えて意思決定し行動しても、会社も、日本も、世界も全然変わらないと思う人もいるかもしれません。ならば、別に何もしなくても同じじゃないか、と。

ただ、人間の歴史を見ていると、世界を変えようと思って立ち上がった人の99％以上は失敗しています。「成功なんかするはずがない」というのが人生の真実です。その通りです。この真実をきちんと理解したうえで、自分の頭で考えて行動するのです。たとえ失敗しても俺は99％の多数派だと、胸を張ればいい。

失敗を恐れる人は、みんなが成功して自分だけが失敗するのでは、というあり得ない幻想を抱くから落ち込むのです。みんな世の中を良くしようと思って行動するけれど、ほとんど全員が失敗する。それが世の常であると分かっていれば、もっと気楽に行動できるでしょう。成功するかどうかは結果論にすぎません。

行動しなければ世界は一切変わらない。宝くじを買ったつもりでダメモトで自分も頑張ろうと思った人の中の1％以下の、たまたま成功した人が世界を変えてきた。それが人間の歴史です。

　抽象論だけでは分からないという人がいるかもしれませんので、実例を挙げましょう。昔、無学な商人がいました。字も読めず普通の商売だけをしていたおじさんです。40歳ぐらいでした。当時の平均寿命は30～40歳ですからもういつ死んでもいい年頃です。ある時、このおじさんに耳鳴りがして、神様の声が聞こえるようになりました。

　このおじさんは不安に思い、友達や上司に相談するわけです。すると、みんな答えは一様で、「そろそろぼけが始まったんじゃないか」とか、「仕事のしすぎで疲れているんだろう」とか、「もうそろそろ死ぬということかな」とか、誰一人としてまともに取り合わない。仕方がないから家に帰って、年上の奥さんに言うんです。「どうしたらいいだろう」と。

　その奥さんはこう言ったんですね。「あんたと所帯を持ってから十数年、赤ちゃんも生まれた。あんたは正直者や。そんな嘘とかでたらめを言う人ではないから、あたいはあんたについていく」と励ますのですね。

　この40歳ぐらいのしがないおじさんは妻のおかげで自信を持ち、最初はおずおずとですが神様がこう言っている、と人々に話し始めた。ところが、おじさんが亡くなっておよそ50年後、おじさんが始めた運動は世界のＧＤＰ（国内総生産）のおよそ3分の1近くを占めるまでの一大勢力になりました。

このおじさんは——ムハンマドです。イスラム勢力がシリア、エジプト、中東、ペルシャ、北アフリカといった豊かな地域を傘下に収めたのは、おじさんが死んだ約半世紀後のこと。何でも一人の行動から始まるのです。ムハンマドと同じようなおじさんは、何百人、何千人といて、みんな失敗して討ち死にしたでしょう。でも、挑戦する人がいないとこうしたことは起こらない。

日本のビジネスパーソンの皆さんも、ぜひチャレンジしてください。特に40代、50代は意外とリスクが小さい。子供の実力もある程度分かってくるし、自分が会社で役員になれるか、なれないかも分かる。先がある程度見えるのだから何のリスクもないでしょう。先が見えればリスクはコストに転化します。

中堅中小企業の有効求人倍率は常時1を超えているのだから、健康でやる気があればご飯を食べていくことはできる。ムハンマドが何回も殺されかけていることを思えば、何だってできるはずです。

60歳でライフネット生命を開業した時もそう思っていました。自分はいざとなれば、旅行会社の添乗員をすればご飯は食べていけると。私は旅が大好きで、世界のおよそ70カ国、世界の都市は恐らく1000都市以上自分の足で歩いています。友人たちとの旅行で10回以上添乗員を私的に務めたこともあり、個人的には最も適した職業適性は添乗員だと思っているのです。

もちろん、生命保険業は公共性の高い免許事業なので失敗は許されません。開業した以上、成功させるしかありません。私は不退転の決意で日々の経営に取り組んでいます。

固い頭はスケールを極端に変えて柔らかく

ここまで、仕事上の意思決定に悩んだ時に読む本ということで、人間関係について触れた古典や自分の頭で考えるために有用な本をご紹介しました。それでも悩みが解決せず、煮詰まってしまった場合には、全く仕事に関係ないことを考えて頭をスッキリさせるという考え方もあります。読書には、全く違う情報を入れて頭を切り替えるという優れた効用があるからです。

例えば、大阪大学の前総長である鷲田清一先生は研究で行き詰まった時、その研究テーマをグーグルで検索し、検索結果の最後の方に出てくる全く関係性のないサイトを見ながら、「何でこんなものが引っ掛かってきたんだろう?」と固くなった頭を切り替えること

024

『宇宙は本当にひとつなのか』

村山斉著

講談社ブルーバックス

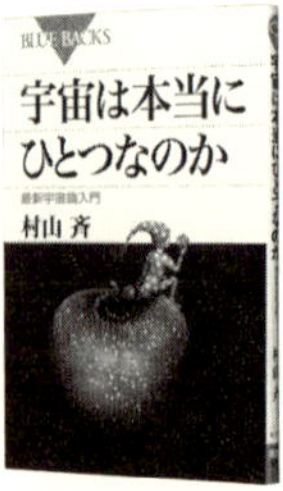

宇宙論で数多くの著書がある村山斉氏による、宇宙物理学入門。

025

『宇宙論と神』

池内了著

集英社新書

天文学の歴史の中で、神と科学者たちが積み上げてきた宇宙論の移り変わりを描く。

が習慣になっていると、どこかで伺いました。

このように、悩んでいる時は極めてスケールの大きなことを考えたり、逆に小さいことを考えたり、思考の出発点やモノサシを極端に変えて物事を考えてみると気持ちが楽になるものです。その延長線上で考えれば、人間社会の意思決定で悩んだ時に、いっそ宇宙にまでスケールを広げてみるのも一つの手かもしれません。

そんな時にオススメするのが、村山斉さんの**『宇宙は本当にひとつなのか』**（講談社ブルーバックス）と池内了さんの**『宇宙論と神』**（集英社新書）です。どちらも読みやすくて、安くて、薄い本です。人間社会での悩みを超越して、人間社会の営みとは大きく離れたところで頭の体操をしてみたらどうでしょう。

この二つの本によれば、宇宙を組成する物質の

24%ぐらいがダークマターだと言われていて、残りのうちの72%がダークエネルギーだとされています。このダークは「暗い」ではなくて、「分からない」という意味です。分かっている物質は全体の4%程度で、その4%でありとあらゆる星ができている。私たちの体もそうです。星のカケラですから。

宇宙には銀河が何兆個とありますが、一つの銀河の中のさらに小さい太陽系の中で、さらに小さい地球の、さらに小さい人間が私たちです。80年ぐらいしか生きない人間世界から離れて、138億年も経っている宇宙の話を読めばすっきりすること請け合い。私たちはどこから来たのか、という根源的な問いを138億年のかなたまで飛ばしてみましょう。

さて、宇宙の果てまで意識が飛んでしまったので、少し地上に戻って軌道修正をする必要がありますね。あまりに飛躍して光のかなたにたたずんでしまうと、人間というものが懐かしく、いとおしく感じられてきたことでしょう。

しかし、ここでいきなり仕事の話に正面から取り組むのはつらいもの。そこでオススメしたいのが、**『バウドリーノ 上・下』**(岩波書店)です。**『薔**

026

『バウドリーノ』
上・下

ウンベルト・エーコ著、堤康徳訳

岩波書店

ローマ皇帝フリードリヒ1世の養子となった農民の子バウドリーノの破天荒な生涯。

027

『西遊記』一〜十

中野美代子訳

岩波文庫

孫悟空らの活躍冒険譚。種本は玄奘和尚が残した旅行記録である『大唐西域記』。

028

『三國志逍遙』

中村愿著、安野光雅画

山川出版社

安野光雅氏の画と著者の文章が織りなす三国志の世界。原書に基づく「本当の三国志」。

薇の名前』（東京創元社）で知られるウンベルト・エーコ氏の新作です。

これは、ものすごく面白い物語です。簡単に言うと、これは諧謔の世界であり、精神の遊びの世界です。有り体に言えば、大ホラ吹きの物語でしょうか。これを読み、猥雑な居酒屋のようなシーンを頭の中で回遊、逍遥して大人のメルヘンに少し心をほぐしながら、宇宙から人間の住む世界へと舞い戻ることにしましょう。

「横文字は嫌い、見るだけでつらくなる」というタイプの方も大勢いらっしゃるようなので、そういう人は『**西遊記　一〜十**』（岩波文庫）、あるいは『**三國志逍遙**』はいかがでしょう。『西遊記』は、マンガやテレビドラマなどの原作にしばしば使われるので物語自体は皆さんよく知っていると思いますが、実は本編を読んだ人はあまりいないので

029

『預言者』

カリール・ジブラン著、佐久間彪訳

至光社

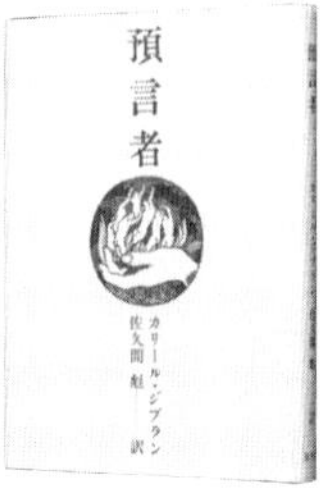

100年経っても色あせないみずみずしい文体で描かれた、心洗われる印象深い散文詩集。

はないかと思うのです。

「西遊記なんて、子供じみていていやだ」と思われるようでしたら、『三國志逍遥』をオススメします。これは歴史書で知られる山川出版社から発行されている大人の絵本で、著名な画家である安野光雅さんが大変美しい挿し絵を描いています。文章も本当にさくさくと読めて、「諸葛孔明はとんでもない奴だ」とか、そういったことが平然と書いてある。文章は中村愿さんで、絵本の中でひねりのたっぷり効いた全く新しい三国志が展開されています。

にぎやかな居酒屋のような『バウドリーノ』や『西遊記』、『三國志逍遥』でおいしいものをたらふく食べたら、次はハーブティーでお腹をすっきりとさせましょう。そこでオススメなのが、**『預言者』**（至光社）です。

カリール・ジブランの詩集で、言葉がどれも本当に美しく、含蓄に富んだ箴言にあふれています。箴言という言葉はまさにこの本のためにあるようなものだと、私は思いました。

この本を丁寧に読むと、かなり高級なハーブティーを飲んだ後のような読後感が得られると思います。

『宇宙は本当にひとつなのか』や『宇宙論と神』で宇宙のダークエネルギーや138億年の歴史について思いを巡らせた後は、『バウドリーノ』や『西遊記』、『三國志逍遙』でワイワイガヤガヤ、にぎやかな居酒屋で面白い人たちに出会い、おいしいものをたっぷり食べる。そして、最後は『預言者』ですっきりとしたハーブティーを飲んで、気持ちも頭もすっきりさせる。これできっと、頭が切り替わり、新たな気持ちを持つことができるでしょう。

明日からまた生気を取り戻して、職場で大事な意思決定に取り組むことができること間違いなしです。こういうちょっと現実逃避をしてみるラインアップも面白いと思いますが、皆さんいかがでしょうか。

ユートピア
ジョージ・オーウェル
すばらしい新世界
ハックスリー　松村達雄訳

PART 4

自分の頭で未来を予測する時にヒントになる本

社会の安定や平等を追求した先にある未来

ロシアによる突然のクリミア併合などもあって、世界の政治・経済の先行きは不透明です。アベノミクスも、始まったころは市場が熱狂し、株価や為替も一本調子で盛り上がり、債券市場も落ち着いていました。「あっ、割とうまく行きそうだな」と思った人も多かったと思いますが、2年目に入って、必ずしも楽観的な見方ばかりではなくなってきたように思います。

古い話をして恐縮ですが、高度成長期は経済の先行きが実に読みやすかった。行くべき世界がある程度見えていたからです。ただ、現在は先の読めない世界です。たとえば、安倍首相が就任する前にアベノミクスを予測した人は誰もいなかった。そうであれば、5年後の日本がどうなっているのかなど誰にも分かりません。

これまでの日本経済は比較的先の読みやすいキャッチアップ型の経済で成長してきましたが、そういう時代はとうの昔に終わりました。周囲が霧に覆われた中で、海図なき航海に出ていかなければなりません。そう考えると、未来を予測することはできないにしても、ある程度の確度で将来の大きな方向性を読むことはビジネスパーソンにとって必要不可欠ではないでしょうか。逆説的ですが、先の読めない時代だからこそ、先を読む能力を備えていないとダメだと思います。

その際に重要なのは大きな方向性です。1年先がどうかとか、物価上昇率がどうなるとか、そのようなことは乱暴に言ってしまえばどうでもいい。必要とされるのは、「どの方向に向かっているのか」という大きな方向性を察知する能力です。

かといって、数字の裏づけがない妄想をいくら膨らませたところで役には立ちません。それでは、将来の大きな方向性を読む力を身につけるためにどういった本を読めばいいのでしょうか。まず紹介したいのが２０１３年に日本経済研究センターが発表した**「2050年への構想」**という長期の経済予測です。同リポートは１万円（税抜）と高額ですが、世界経済の方向性を具体的に示し、検証可能な数字やファクトをベースに議論を展開しているのでオススメです。具体的に見ていきましょう。

日経センターの長期予測によれば、今後もやはり米国中心の経済が続き、中国は今のままの政治経済体制では成長が大幅に鈍化する、ということになっています。その中で日本が成長を実現するためには、(1)女性・若者・高齢者の潜在力発揮を拒む雇用の壁、(2)国内外からの新規参入を阻む資本・規制の壁、(3)十分な電力が確保できないエネルギーの壁という「３つの壁」を打破する必要が

030

『2050年への構想
グローバル長期予測と日本の3つの未来〜経済一流国堅持の条件〜』

日本経済研究センター

日本経済センターが出した長期予測。２０５０年の世界と日本をデータに基づいて描き出す。

ある――としています。

詳細は本書をご確認いただければと思いますが、これを一つのベースシナリオとして、まずは将来を考えるよすがにしてもいいのではないでしょうか。

米中の今後を楽観論と悲観論から見る

もちろん、2050年は40年近く先の話です。いくら数字を丁寧に積み上げても、前提の置き方やちょっとした数字の積み上げ方の違いなどで未来は大きく変わります。やはり、もっと広い歴史的な視点、あるいはより幅広い立場から日経センターの予測を検証した方が精度が高まるに違いありません。

そういう意味で役に立つのが、ヨルゲン・ランダースさんの名著、『**2052 今後40年のグローバル予測**』（日経BP社）です。

この本をオススメするポイントは3つです。まず1点は、日経センターの予測が比較的楽観的な世界を描いているのに対し、ランダースさんは悲観的だということです。

031

『2052 今後40年のグローバル予測』

ヨルゲン・ランダース著、野中香方子訳

日経BP社

ヨルゲン・ランダース氏による2052年の予測。やや悲観主義的な発想が日本人向き?

『2052』は、およそ考えられる悲観論のすべてのポイントをほぼ網羅しています。この本さえ読んでおけば、今後40年間に起こりうる事象を見逃すことはないでしょう。もし本書の予測が外れて楽観的な結果になっても、それはそれで構いません。大雨を予測して、晴れたらラッキーと考えればいいのです。

次に、日経センター予測は米国を高く評価し、中国を相対的に厳しく見ていますが、ランダースさんは逆に米国を相対的に厳しく見て、中国の未来を楽観的に捉えています。アメリカと中国、この巨大な二つの国、「G2」の動きは今後40年間を考えるうえで注視すべき大きなポイントですので、楽観論、悲観論双方の視点からこの2国を見ておくのは、未来を予測するうえで大変ためになると思います。

オススメするもう一つのポイントとして、悲観論とはいいながら、ランダースさんの筆致は知的なユーモアにあふれている点です。巻末には、親切にも個人として備えておいた方がいいことが一覧で書いてある念の入れようです。大変面白いですので一部を紹介しておきます。

「収入より満足に目を向ける」
「やがて消えていく物に興味を持たない」
「最新の電子エンターテイメントに投資し、それを好きになろう」
「子供たちに無垢の自然を愛することを教えない」
「生物多様性に興味があるなら、(いずれなくなるので)今のうちに行って見ておこう」
「決定を下すことのできる国に引っ越しなさい」
「成長はよいことだという考え方から脱却する」
「社会不安に敏感でないものに投資しよう」
「政治において、限りある資源の平等な入手は、言論の自由に勝ることを認めよう」

悲観論にもかかわらず、「仕事がなくなることなどない」と言い切ってしまうあたりに上質なユーモアがあふれているので、日経予測と合わせて読めば、これからの世界を展望するうえでかなり参考になるのではないでしょうか。

未来予測という視点から述べると、**『2050年の世界 英「エコノミスト」誌は予測する』**(文藝春秋)もオススメです。こちらは、英国人の専売特許でもある辛口の未来予測ですので、腹を立てないで読んでください。こちらも、これまでの2冊と対になる本です。「日本のGDP（国内総生産）は韓国の半分になる」と断言していることに加えて、「今後も、欧米や日本などの国々は高齢化による財政の悪化に苦しみ、低成長を余儀なくされる」「（アジアの中で）日本は相対的に、急速にプレゼンスを失っていく」などとも述べています。

読んだら不機嫌になりそうですが、「次なる科学のフロンティアは、化学でも物理学でもなく生物学にある」「技術そのものよりも、その使われ方に開発の重点は移っていく」など、ヒントになりそうな情報も満載です。しかも、各章の終わりにまとめがあって頭に入りやすい。本書を押さえておいても損はないと思います。

032

『2050年の世界 英「エコノミスト」誌は予測する』

エコノミスト編集部、船橋洋一解説
東江一紀訳、峯村利哉訳

文藝春秋

英エコノミスト誌による2050年の世界予測。日本に対してかなり悲観的。

実は、私は日本生命で働いていた時に、3年ほどエコノミストのチームを率いていたことがあります。その時に一番役に立ったことは、楽観論と悲観論の幅の間で、つまり上限と下限を定めたうえで、予測を立てるという方法論でした。当たり前といえば当たり前ですが、未来を常に一定の幅

033

『第五の権力 Googleには見えている未来』

エリック・シュミット著
ジャレッド・コーエン著、櫻井 祐子訳

ダイヤモンド社

グーグルは世界をどう見ているか。どんな未来を創ろうとしているのか。グーグル会長が語る未来。

で考えるというクセをつけることができたことは今でも私の大きな財産になっています。

これまでに挙げた3冊は、実務的な、あるいは数字やファクトをベースにした未来予測でした。これにもう一冊、エリック・シュミットさんが共著者と書いた**『第五の権力』**（ダイヤモンド社）を加えたいと思います。

これはグーグルの経営者が書いた本で、世界の最先端を行くＩＴ企業の経営者が、テクノロジーの未来をどう見ているかがよく分かります。結論は意外と常識的で現状の延長線上にありますが、皆さんが未来を考えるうえで、一つの知識のベースになると思います。

ところで、人間は経済学が発達するはるか以前から未来を夢想していました。自分の頭で未来を予測するには、数字やファクトだけではなく、古典の世界で未来がどのように扱われてきたのかを見ることも無駄ではないと思います。

『ユートピア』

トマス・モア著、平井正穂訳

岩波文庫

ユートピア文学の原点。貧困がない代わりに自由もない「理想郷」が描かれる。

「思想管理社会」を描いた『ユートピア』と『一九八四年』

古典の世界の未来予測といえば、これはもう絶対に外せません。16世紀に書かれた古典、トマス・モアの『**ユートピア**』（岩波文庫）です。

『ユートピア』の書名はご存じでも、読んだことがある人は少ないと思います。ただ、薄い本ですし、「なるほど、ユートピアという考え方はこの本から来たのか」ということがよく分かるのでオススメします。

書かれた時代はイングランド・ルネサンス真っ盛りの16世紀初頭。封建主義のど真ん中の時代で、王侯貴族が下層階級を酷使して作り出したものを消費し、贅沢を尽くしていた時代です。この時代には、「聖書に帰れ」と説いたマルティン・ルターによる宗教改革が起こりました。

ユートピアという言葉はモアの造語で、「どこにもない国」という意味です。そこでは、伝聞のスタイルを取りながら、第1巻では堕落したイングランドの王侯政治を痛烈に批判し、第2巻で仮想の理想郷「ユートピア」の内実を描いています。

ユートピアは「何ものも私有でない」国であり、そこでは「公共の利益が熱心に追求され」ています。人々は勤勉で、毎日6時間だけ適性に応じて勤勉に働きます。キツイ仕事を引き受けるのは奴隷やユートピアのルールを逸脱した犯罪者。どの家も似たようなつくりで定期的に引っ越すように決まっています。

日々の生活に必要なものは所定の場所に取りに行けば必要なだけ手に入るので、通貨は必要ありません。必要以上のものも作らない。「身なりは質素がいい」という価値観が刷り込まれ、人の振る舞いに贅沢や貪欲さを見ると、条件反射のように軽蔑します。

しかも、個人があらゆる神を信じることが許される一方、それを他人に強制したり、扇動したりすることは固く禁じられています。一夫一婦制は厳格で、男女の結婚も事前に離婚の恐れがないよう入念にチェックされる。戦争は強欲で戦闘好きな国外の傭兵を雇い、必要に応じて高いお金を出して引き受けさせています。

「規範」を守っておりさえすれば生活の不安も人間関係の不安もなく暮らせるのですが、ユートピアが尊重する価値観から逸脱する行動をする者はすぐに奴隷になったり死刑になったりするのがミソ。さらに、病人は設備が整った病院で医師や看護師から手厚く看護されますが、回復の見込みがない人は自発的に生に執着しなくなるよう、日々諭され、自ら苦しまずに安楽な死を迎えたいと望むよう誘導されます。

なぜこのような体制が実現しているかといえば、「国家の発展に必要な正しい信念を叩き込むために、（司祭たちは）懸命な努力をする。この信念がひとたび子供の頭にしみこんでしまえば、（中略）国家の平和を守り保ってゆくうえで重大な役割を演ずる。国家が衰えるのに、腐った思想から生ずる背徳によらない場合は一つもない」と考え、実行しているからなのです。つまりは徹底した「思想管理社会」です。

『ユートピア』では、ユートピアを旅した語り部が「ユートピアの人々には悩みがない」などと述べるのですが、そうした話の数々を聞き手が到底納得できない、という内容を手紙で独白する形で終わっています。私は人類が未来を展望する原点は、この『ユートピア』にあると思います。

『ユートピア』を読んで腹落ちしたことは、どんなに優れた思想や信条であれ、「価値観の押しつけ」ほどおぞましいものはないということです。ライフネット生命が何よりも多様性（ダイバーシティ）を重んじているのは、極論すれば『ユート

035

『一九八四年』

ジョージ・オーウェル著、高橋和久訳

ハヤカワ文庫

近未来小説として描かれたＳＦ小説の金字塔。徹底した思想管理社会への警鐘。

ピア』を反面教師としているからでもあります。

さて、『ユートピア』を堪能した後は、近年の有名な未来予測の古典作品を読んでみましょう。英国人ジョージ・オーウェルによる20世紀最大の文学の一つとも言われる**『一九八四年』**（ハヤカワ文庫）です。未来の「逆ユートピア」を描いた傑作です。

オーウェルが、当時から35年後にあたる未来『一九八四年』を書いた1949年は、いわゆる冷戦を背景にした「赤狩り」（マッカーシズム）の真っ最中でした。作品の舞台である「オセアニア」では、ニュースピークという新しい言語を開発しつつ、当局が双方向テレビによる屋内外の監視や拷問、洗脳などで人々の思考が深まることを防ごうと思想管理を徹底しています。歴史を日々改ざんし、思想や言語、結婚、感情や日記の記述など、日常的な市民生活すべてが管理・統制されます。

ここで描かれるのは、「ビッグ・ブラザー」が率いる党に監視される悲観的な未来社会です。ビッグ・ブラザーは49年当時、ソビエト社会主義共和国連邦で絶大なる権勢をふるったスターリンをモデルにしたとされています。本書は、「思想統制のもとでの市民生活」が描かれている点では『ユートピア』と共通しますが、見聞を聞く形で書かれた『ユートピア』と違い、こちらは管理される側の視点から書かれています。

主人公は個人的な日記をつけ始めたり、恋をしたりといった、厳しく禁じられている行為に手を染めたために「愛情省」に連行され、徹底的に洗脳され、拷問を受け、心から「ビッグ・ブラザー」を愛しながら、かつ悲惨な最期が近いと自覚して死を待つのです。

社会の安定が管理と統制に行き着く皮肉

こうした「力」による思想統制とは正反対の世界を描いている作品に、**『すばらしい新世界』**（講談社文庫）があります。

全編に不穏で陰鬱な空気がただよう『一九八四年』とは対照的に、『すばらしい新世界』が描くのは、薬物と科学技術によって人工的な幸福感と快楽に浸って若々しく一生を生きる人々の姿です。ただ、この新世界でも「自分で考える」という行為が徹底的に否定され、科学的にあらかじめ排除されている点では、本質は『一九八四年』と同じ

036

『すばらしい新世界』

ハックスリー著、松村達雄訳

講談社文庫

ディストピア小説とも呼ばれるが、やはり統制社会におけるつくられた安定と幸せを描く。

です。

この作品は、大恐慌が世界を襲って間もない大不況時代のさなかの32年に発表された、2004年を描いた未来小説です。米国の自動車王ヘンリー・フォードを「神」と奉っている以外には、全く古さを感じさせません。

西暦2004年に最終戦争が終結した後、暴力をなくすため、世界は完全に機械化されます。過去の歴史はすべて抹消され、人間も機械に培養されて徹底的な品質管理のもとに「生産」され、役割に沿って階級が決められます。

そして、その階級に満足するよう、胎児のころから思想が刷り込まれます。親も家族も存在せず、結婚もありません。特定男女の長い関係は奨励されないのです。技術の進歩により60歳でぽっくり死ぬまで若さが保たれ、労働と消費活動を続けます。

衣食住は満たされ、気分が沈めば副作用のない薬物「ソーマ」を飲みます。人々は「万人は万人のものである」「すべての人間はすべて他の者のために働く」と幼少から何百回も教え込まれています。これまた恐ろしい未来です。

『ユートピア』を含む3作品に共通するのは、一見平等ながら、権力が情報や思想、価値観まですべてを支配し、一元管理する強圧的な管理・階級社会です。

その引き換えに社会と生活の安定が約束されていますが、本人たちがそれに疑問を持つことは決して許されません。貧富の差がなく、ものが隅々まで行き渡る社会の安定を図ろうとした結末は、徹底した自由な思想のコントロール、自由意思の管理と統制に行きついてしまうのです。

その世界は現実のものとなりつつあるのかもしれません。

人工授精の技術はどんどん進化し、抗老化の研究も進んでいます。インターネットが普及し、各人の細かい日常活動も監視しやすくなりました。我々は知らないうちに様々な情報を大量に刷り込まれています。我々はまだ3作品のレベルまで管理されていませんが、技術的に人間活動のすべてを管理できるようになる日は案外、遠くないのかもしれません。ともあれ、世界政府ができると亡命先がなくなってしまうように、一元管理ほど人間にとって危険なものはないのかもしれませんね。

ここで再び、69ページのヨルゲン・ランダースさんによる読者へのアドバイスを振り返ってみましょう。最後のアドバイス、「政治において、限りある資源の平等な入手は、言論の自由に勝ることを認めよう」としている中で、以下のようなことを書いています。

「社会に害を及ぼさない限り個人は自由に利益を追求できるという考え方は、何世代にもわたって普遍的な指針であり続けた。そうして言論の自由を含む基本的人権が確立された。

しかし、資源に限りのある世界では、時間はかかるかもしれないが、この状況は変わると私は予想する。(中略)ますます人口が増えていく世界では、全体の幸せは個人の権利より大切になるからだ」

……と、古典3冊を含めてここまで読み込んでいくと、人間は楽観論よりもむしろ悲観論を好むということに気づかれたのではないでしょうか。人間は必ず死ぬ運命にあるので、どうしても未来を悲観的に見たくなる動物なのかもしれません。

もちろん、人間は天邪鬼な動物でもありますので、ハッピーエンドや楽観論は面白くない、悲観論の方が面白いから読むという部分もあるでしょう。いずれにせよ未来を描いた名著に、悲観論がより多いという事実はとても興味深いと思います。

『2050年の世界 英「エコノミスト」誌は予測する』では、「2050年までに、すべてを効率と個人の利益に換算して考える『経済第一主義』と『公共心』が大きな対立事項になり、民主主義を揺るがしていくことになる」と指摘しています。

同様に、『2052』のランダースさんは「あなたに課された義務は、人々と協力して、国家の幸福度を測定するための指標と枠組みを、30年以内に完成させることである」と助言しています。未来をつくるのは今を生きる私たち自身。それを忘れないでいただきたいと思います。これからの良い政府は私たち一人ひとりがつくるものなのです。

4 自分の頭で未来を予測する時にヒントになる本

出口流、本の選び方

昔は、暇があれば、書店に通っていました。

30歳で東京に出て来てからは（1979年のことでした）、神保町が主でしたが、八重洲ブックセンターや新宿の紀伊國屋書店にもよく足を運びました。1時間ないし2時間、書店をぶらついて、新刊をはじめ、文学、歴史、美術、哲学や宗教などのコーナーを回っては、面白そうな本を探すのです。

と言うより、面白そうな本が向こうから勝手に目の中に飛び込んでくるという感じでしょうか。謎めいたタイトル（例えば**『迷宮に死者は住む』**＝新潮社）や素敵な装丁

(例えば『**地図と領土**』＝筑摩書房)の本は、それだけで書店の店先で強烈な自己主張を行い、光輝いているのです。

勝手に飛び込んできた本は、もちろん少しは立ち読みしますが、大体は購入していました。その結果、狭いわが家(社宅でした)は本であふれ、廊下にも天井まで山積みする羽目に。本が崩れてきて危ない思いをしたことは数度ではききません。

しばし熟考して、頭を保有から貸借に切り替えました。ちょうどロンドンへの赴任が

037

『迷宮に死者は住む―クレタの秘密と西欧の目覚め―』

ハンス・ゲオルグ・ヴンダーリヒ著
関楠生訳

新潮社

クレタのクノッソス宮殿は王の宮殿ではなく、死者のための葬祭殿だった――。

038

『地図と領土』

ミシェル・ウエルベック著、野崎歓訳

筑摩書房

孤独な天才芸術家が世捨て人の作家と親しくなり友情を温めるが、驚愕の事件に遭う。

決まった時期（1992年）でした。社宅も引っ越さなければなりません。思い切って、蔵書はすべて古本屋さんに引き取ってもらいました。

2回に分けて来てもらい、それぞれ30万円前後頂いた記憶があります。岩波の全集や初版本がたくさんあったので、恐らくそれなりの値段がついたのでしょう。それからは近くの図書館で借り、図書館にない本に限って購入する、というパターンに変わって現在に至っています。

ライフネット生命を創業するまでずっと書店通いを続けていましたが、ライフネット生命プロジェクトを始めた途端に、当然のことですが時間が取れなくなりました。まず、最低でも月に1、2本は観ていた映画を捨て、次に書店通いも捨てざるを得なくなりました。では、どうやって読む本を選んでいるかというと、約7〜8割は新聞の書評からです。

私は毎日3紙に目を通していますが、日曜には各紙に書評が載ります。それを読むと、平均して週に4〜5冊は、ムラムラと「これはもう読むしかない」という気持ちが湧き起こる書評に出会います。ジャンルは一切問いません。即パソコンで近くの図書館に予約を入れて、それを読んでいるというわけです。

新聞の書評欄は、すべての新聞記事の中で最も信憑性が高いと思っています。なぜなら、例えば著名な大学の先生が自分の専門分野の本について「本名で」書いているからです。いいかげんな本を選んだり、いいかげんな書評を書いたりすれば、即レピュテーションに傷がつきます。つまり、一所懸命書かざるを得ないインセンティブ（もしくは仕組み）が備わっているのです。署名記事でなければ、かなり自由に書けるでしょうが……。

加えて、新聞は、中立性というかバランスを重んじるので、書評欄に取り上げられる本もバランスが取れています。特定の分野に偏ることはまずありません。従って、新聞の書評欄は、本を選ぶ時間のない人間にとってはパラダイスのごとくありがたいものなのです。

後の2～3割は、図書館でぶらぶらして探したり友人の勧めに従ったりして選んでいます。２０１３年４月からは、こうして読んだ本の中で心に残ったものを書評の形で書き留めています。よかったらご覧ください。http://blogs.bizmakoto.jp/deguchiharuaki/

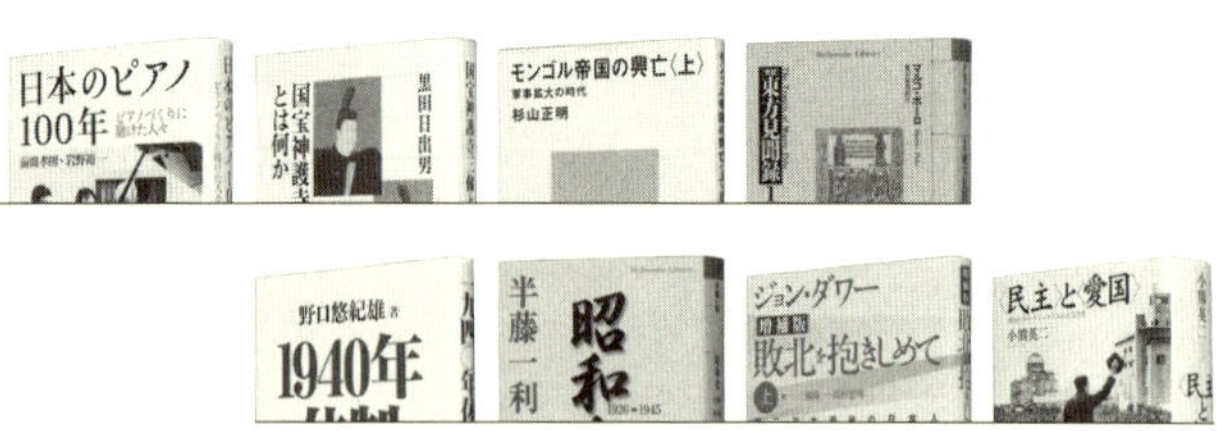
日本のピアノ100年
黒田日出男
モンゴル帝国の興亡〈上〉
杉山正明
野口悠紀雄 著
1940年
半藤一利
昭和
ジョン・ダワー
増補版
敗北を抱きしめて
〈民主〉と〈愛国〉

PART 5

複雑な現在をひもとくために不可欠な本

歴史は自分の立ち位置を測る格好のモノサシ

第5章のテーマは、歴史です。私自身が歴史オタクですので、歴史に関する本はとりわけたくさん読んできたように思います。その中でも、選りすぐりと考える本を、ご紹介していきましょう。

本は何でもそうですが、歴史書もまず面白くなければ全く意味がありません。つまらない本から読み始めると、それこそ歴史嫌いになってしまいます。そこで、まず最初にこちらの本を読んでみてください。**『アンダルシーア風土記』**（岩波書店）です。

「アンダルシーア」は、イスラム王朝が支配した時代のスペインの呼称で、その時代に関する話が中心です。学校で習った後ウマイヤ朝（７５６〜１０３１年）からグラナダ王国が滅ぶ１４９２年までの約８００年にわたる「幸福なスペイン」の物語です。

この本ではアンダルシーア地方の歴史を、カエサルも登場する古代ギリシャ・ローマあたりからイスラムの台頭、後ウマイヤ朝の支配を経て、イスパニアの女王の使いで旅に出たコロン（コロンブス）がカリブ海の島、新大陸を発見する１４９２年あたりまでをたどっています。

039

『アンダルシーア風土記』

永川玲二著

岩波書店

スペイン・アンダルシーア地方の地理条件に宿命づけられた歴史を古代から追う。

後ウマイヤ朝時代におけるスペインの支配者は、まさに『アラビアン・ナイト』(東洋文庫)の世界に生きた人たちでした。『アラビアン・ナイト』は、美女や王の寵姫が活躍する物語です。実際、スペインのイスラム王家は、歌舞音曲をとても大事にしていました。

元来、アラブ人はストイックで喧嘩に強かったはずですが、スペインのように気候が暖かくてオレンジがたわわに実る国にやってきて、大勢の美女に囲まれる暮らしを続けた結果、どんどん軟弱になっていきます。そして、キリスト教国に押されるようになりました。

王朝の支配者たちは、アフリカには同じムスリムであるベルベル人がつくった強い軍隊を持った国家があるので、彼らに支援を仰いでもう一度キリスト教国を撃破しようかなどと考えますが、その一方で、「ベルベル人は確かに強力な武力を持っているが、アンダルシーアの妖艶で楽しい歌舞音曲の世界に浸りきっている自分たちを見れば、きっと堕落していると思うに違いない。そして、我々をつぶそうとするのではないか」などと本気で悩むのです。

そういった様子が描かれている本書は実に人間味あふれる良書ですが、残念ながら絶版なので、図書館や古本屋で入手してください。早く文庫本になってほしい一冊です。

「歴史を面白く」ということで、次の推薦本はこちらです。**『気候で読み解く日本の歴史』**

(日本経済新聞出版社)。この本は、読み物としてどこから読んでも面白いのですが、「えっ、歴史ってそうだったっけ?」と、目からうろこがボロボロ落ちる点でも特筆に値します。

「俺たちがベッドインするところを陰で見ていろ」

例えば、源氏と平家の争いではなぜ源氏が勝ったのでしょう。私たちは平清盛が権力を握って傲慢になり、悪い政治をしている間に源氏は東国でじっと耐え、質実剛健に頑張っている中で、源義経という天才的な武将が現れて平家は滅んだ。おごれる者は久しからず……と、そういう印象で捉えていませんか。でも、実際は全く違うらしいのです。

著者が当時の気象条件をよく調べたところ、東日本は作物ができたのに、平家が地盤としていた

040

『気候で読み解く日本の歴史』

田家康著

日本経済新聞出版社

平家が滅びたのは、作物が作れなかったから? 歴史のダイナミズムを気候から分析。

西日本は天候が不順で食べ物がなかった。自分の地元で食べ物がなかったら、当然お腹がすいて戦いもろくにできない。それで平家は滅んだ、と指摘するのです。

農業が国の主要産業である時代は、気候変動が歴史を動かす原動力になるのですね。気候変動は大変恐ろしい。この本は面白いだけではなく、地球温暖化がいかに怖いかということを同時に思い知らせてくれます。歴史を理解するうえでは英雄の事績や戦乱の行方を押さえるだけではなく、自然科学の力を借りることがとても重要だということを実感させてくれる本です。

気楽に読める2冊を攻略したら、次は本格的な作品へ行きましょう。

歴史を読むにはやはりこれです。ヘロドトスの**『歴史』**(岩波文庫)、そして、それと並ぶ古典的名著『史記』(『史記』は**『史記列伝』**＝岩波文庫＝から入る方がいいと思います)。歴史を学ぶ王道ですので、これを機会に攻略しましょう。

ヘロドトスの『歴史』は最初の数行だけでも読む価値があります。これは本当に深い文章だと思います。

041

『歴史』

ヘロドトス著、松平千秋訳

岩波文庫

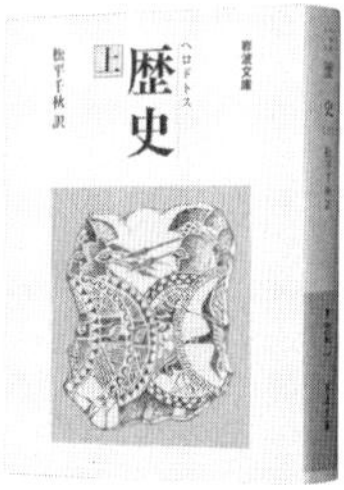

古典中の古典。古代版デキゴトロジーともいえる、古代人の人生悲喜こもごも見聞録。

「人間はしょっちゅうアホなことをやっている、懲りない動物や。女をめぐって争ったり、金をめぐって争ったり、本当にアホや。そこで、私ヘロドトスが世界中を旅して見聞きしたためになる話や面白い話をちゃんとここに書いておくから、これを読んでアホなことを何回も繰り返さないように注意しなさいよ」

私の理解では、ヘロドトスはきっとこう言いたかったのだろうと思います。

そういうわけで、ヘロドトスがあちこちで聞きかじった、人権などひとかけらもない古代の人々が巻き起こす、時にひどく残酷で、時に愉快なエピソードが山のように集められています。2000年以上も前の人々の出来事なのに、大変身近に感じられます。

私が面白いと思った有名な話を一つ。名画「イングリッシュ・ペイシェント」にも使われていましたね。紀元前680年ごろ、リュディアという国にある王様がいました。自分の王妃がいかに美しく、素晴らしいかをいつも自慢していました。ついには、一番有能な大臣ギュゲスに、「俺たちがベッドインするところを陰で見ていろ。そうしたらいかに俺の妻が美しいかが分かるだろうから

042

『史記列伝』

司馬遷著
小川環樹訳、今鷹真訳、福島吉彦訳

岩波文庫

史記に登場する偉人たちの人生を残した中国版英雄伝。中国史が別の角度から楽しめる。

な。はっはっはっ」と命令するのです。

しかも、「言うことを聞かなかったら殺す」とまで言うので、ギュゲスは仕方なく扉の陰に隠れて王妃が衣服を脱ぐ姿を覗き見たのです。ところが、王妃はそれに気が付いていた。翌日、王妃はギュゲスを呼んで、次のように言い渡します。

「お前が進むべき道は、二つしかない。（夫である）王を殺して、私と王国をわがものにするか、さもなくば、この場で死ぬか。もうそなたが王の言いなりになって見てはならぬものを見ることが二度とないように、このようなことをたくらんだ王か、あるいは私の肌を見るというとんでもないことをしでかしたそなたか、いずれかが死なねばならぬ」

ギュゲスは絶望し、どのみち死ぬのであれば王を殺した方がいいと思い、王を殺します。そして、王妃と夫婦になり自らが王になりますが、なんとこのギュゲス、後世にも高く評価されるほど立派に国を治めた名君になったのです。

ここで、読み手はいろいろな憶測が可能です。殺された王様は、実は王妃から軽蔑されていたのかもしれない。あるいは、ギュゲスは有能なだけではなく男性としても魅力的で、王妃が機会をうかがっていたのかもしれない。王妃は今風に言うと、「ちょうどいいわ、あのいやらしくて下品な王を殺して、この若くて有能なイケメン大臣と添い遂げよう」とでも思ったのかもしれない。

一つの教訓は、女性は恐ろしいということかもしれませんね。誰かが言っていた言葉の受け売りですが、「地球上で最も太い神経を持っている男性の神経の太さは、地球上で最もか弱い女性の神経の太さの半分にも満たない」。子供を産むという苦痛に耐える女性の神経が細いはずはないですね。男って女性から見たら本当に甘っちょろい、精神的にも弱い動物かもしれません。

若干横道にそれたので話を戻します。次の本、『史記列伝』の素晴らしさは、もう言うまでもないでしょう。荊軻や屈原の物語は皆さんも聞いた覚えがありますね。教訓に満ちた古代中国の賢人らの生涯を網羅した偉人伝ですから、黙って読んでください。極論すれば、この2冊から歴史が始まったのですから人生の滋養として読んでください。ヘロドトスと司馬遷、この2人が歴史を学ぶための最初の攻略ポイントだと思います。

このヘロドトスが、実際のビジネスでも役に立ったのだから人生は面白いものです。

私は44歳の時に、初めての海外赴任をロンドンで経験しました。その際、とある投資銀行のトップにあいさつに行った時にこう尋ねられました。「UK（連合王国）について何を知っているのか」と。「ほとんど何も知らないが、UKの王様の名前ぐらいなら全部そらんじている。ウィリアム1世、2世、ヘンリー1世、スティーブン、ヘンリー2世……」。すると、相手は笑い出しました。「歴史が好きなのか」「大好きだ。ヘロドトスからチャーチルに至るまで」「自分もヘロドトスが大好きだ」。こうして、あっという間に相手と打ち解けることができました。歴史が実際のビジネスで役立った一例です。

あの源頼朝像は頼朝ではなかった!

歴史的名著を2冊紹介したところで、ちょっと脱線します。私は絵画が大好きですが、実は絵画についても、「歴史って本当に素晴らしい」と思える本があります。例えば、ロベルト・ロンギ著、『**イタリア絵画史**』(筑摩書房)です。

「最初に、いまさら言うまでもないが、芸術とは現実の模倣ではなく、個人的な現実解釈である」。この本は、冒頭からこう芸術を定義します。そして、「異なる時代に生まれた芸術作品が共有する要素をいくつか抽出することによって、一連の絵画的見方、つまりそれぞれの様式を構築することが可能になる。ではそれらの様式を〈絵画〉そのものの中に見てゆくことにしよう」と、話をスタートさせます。

歴史は何も人間の物語だけではなく、音楽や美術など、いろいろなものすべてに歴史がある。なぜ今があるのか。お茶にも、お花にも、すべてに歴史があり、歴史があってこそ今の姿があるのです。

歴史が苦手だという人は、例えば俳句が趣味なら俳句の歴史でもいいし、お茶の歴史でもお花の歴史でもいいので、皆さんが好きな分野の歴史書をぜひ読んでみてください。私は美術史が好きなので、ロンギをバイブルにしています。歴史の奥深さ、どんな対象にも豊かな歴史があることを知ってほしいのです。

ピアノの歴史にも触れてみましょうか。

私たちに美しいピアノ曲を遺してくれたモーツァルト、ベートーベン、ブラームス、ショパン、リスト、シューマン、ドビュッシーといった著名な作曲家の名前は皆さんもご存じでしょう。リストが19世紀の社交界のアイドルで、演奏を聴いた女性に失神者が続出したとか、ショパンをシューマンが褒めたたえたのがきっかけでショパンが世に出たとか、作曲家をめぐる逸話は一般に紹介されることが多いようです。

しかし、肝心の楽器としてのピアノについては、

043

『イタリア絵画史』

ロベルト・ロンギ著
和田忠彦訳、柱本元彦訳、丹生谷貴志訳

筑摩書房

絵画の長い歴史の中でイタリアの歴史を俯瞰した名著。

プロの音楽家であっても意外に無頓着です。

　スタインウェイのコンサートグランドピアノが演奏会では素晴らしいということは有名ですが、そのほかにはヤマハしか知らない、などという人も日本では珍しくありません。それもそのはず。１９４６年にたった24台だった国産ピアノの生産台数は、高度成長の波に乗って１９７０年代には30万台を突破、今では日本が世界最大のピアノ生産国になっているからです。

　その陰には、一流のピアニストに認めてもらえるピアノ作りにかけた技術者たちがいました。欧米に追い付け追い越せと情熱を傾け、世界に誇れる素晴らしいピアノ作りを実現した日本人の技術者たちを描いた**『日本のピアノ１００年』**（草思社）は、近代世界や日本の音楽史・産業史としても楽しめるオススメの一冊です。

　ヤマハのピアノに一目ぼれしたという伝説的ピアニスト、グレン・グールドの逸話が冒頭で紹介され、思わず引き込まれます。このような天才を魅了するようなピアノを、後発のヤマハがいかにして作り上げたのか、その物語が展開されていま

044

『日本のピアノ100年』

前間孝則著、岩野裕一著

草思社

欧州から輸入したピアノの製造技術を、いかにして世界一に仕上げたか。知られざる産業史が見える。

す。

もちろん、日本にはヤマハだけではなく、スタインウェイやベヒシュタイン、ヤマハが傘下に収めたベーゼンドルファーなど、素晴らしい音色を誇る輸入ピアノがたくさんあります。スタインウェイもベヒシュタインも、創業はショパンやリストがフランス社交界で大活躍していた1853年でした。素晴らしい楽曲を作ってきた偉大な音楽家と演奏家の試行錯誤の中から、現在のピアノの形が生まれたことが見て取れるのではないでしょうか。ちなみに、この年はペリーの黒船がやってきた年でもありました。

さて、ここでもう一冊、歴史を少し違った角度から考える面白い本をご紹介しましょう。

『国宝神護寺三像とは何か』（角川選書）です。

表紙の絵は、神護寺三像です。左上の写真を見て、ああ、これは源頼朝だと思った人も多いのではないでしょうか。この源頼朝像はとても有名です。ところが、本書ではこの肖像画は源頼朝ではなく、足利尊氏の弟の足利直義だとほぼ断定しています。

そして、平重盛といわれていた絵が、実は足利

045

『国宝神護寺三像とは何か』

黒田日出男著

角川選書

伝源頼朝像、伝平重盛像、伝藤原光能像は別人だった——。様々な謎を歴史的に推理。

尊氏であるとする新説を裏づける論拠を様式面や材料面などから丁寧に検証し、通説を完膚なきまでに論破しています。謎解きの様子が推理小説のように描かれていて、とても面白い本です。新しい発見が相次ぎ、このように歴史は一歩一歩、真実に近づいていくのです。

本当の歴史は市民の生活の中にある

最後に、歴史のダイナミズムを愉しめる本を何冊かご紹介しましょう。

長い人間の歴史の中で、一番ダイナミックなのはモンゴル帝国の時代です。この地球上で一番大きい国をつくったのはモンゴルだからです。中国からハンガリー大草原まで一つの国にしてしまったわけで、人類の歴史にとっては一つの奇跡です。その国がどのように発展し、滅びたのか。それがよく理解できる**『モンゴル帝国の興亡 上・下』**(講談社現代新書)をオススメします。

冒頭に紹介した『アンダルシーア風土記』と少し接点がありますが、この本でもコロン(コロンブス)が登場します。本書によれば、1492年にコロンが向かったのは「ジ

046

『モンゴル帝国の興亡』上・下

杉山正明著

講談社現代新書

あまり知られてこなかったモンゴル帝国の興亡史を、生き生きと紹介。

047

『東方見聞録』

マルコ・ポーロ著、愛宕松男訳注

平凡社

マルコ・ポーロの旅を丹念に追える本。黄金の国は、モンゴル王朝だった？

パング」や「インド」ではなく、モンゴルの「大都」だというのです。コロンはカスティージャの女王イサベルから、中国の地にいる大カアン、すなわちクビライにあてた手紙を預かっていました。

そして、大都を「整然たる統制美と驚くべき繁華さに満ちた巨大都市」として紹介していた『百万の書』、俗にいうマルコ・ポーロの**『東方見聞録』**（平凡社）も携えていました。もちろん、コロンが船出した時点ではクビライが建設した大帝国はもう存在していませんでした。しかし、『百万の書』は活版印刷技術の登場も手伝って、多くの欧州の読者を魅了しました。その大都のきらびやかなイメージは脈々と生き続け、コロンを突き動かしたのです。

人口の少ないモンゴルが、なぜこれほどまでに冒険家を惹きつけるほど栄え、なぜ中国からイラ

048

『1940年体制』

野口悠紀雄著

東洋経済新報社

「日本的」と考えられている制度の多くが、「1940年体制」的なものにすぎないと喝破。

049

『昭和史』

半藤 一利著

平凡社

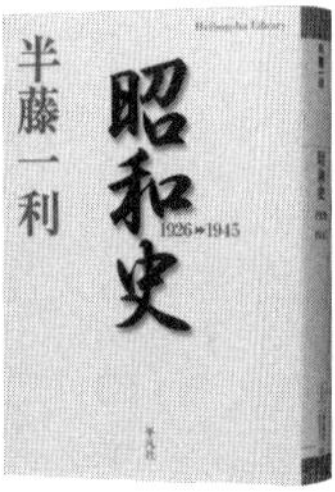

授業形式で語られる、読みやすく分かりやすい1926年から1945年までの昭和通史。

ン、ロシア、ハンガリーまで遠征して広大な帝国を支配できたのか。読んでいてわくわくしますし、とても勉強になります。

そして結びは、再び日本に戻りましょう。

今の日本は戦後にできた国です。フランスは今、第五共和政です。なぜ第五と言うのかといえば、政体が変わって憲法が5回、大改正されているからです。

でも、第五共和政などと番号をつけて呼んでいるのはフランスぐらいのものです。フランス風に呼べば、日本は第二立憲制です。第一立憲制が明治憲法で、今が日本国憲法の第二立憲制です。ということは、日本という国は戦後新しくスタートした国だと考えることも可能です。

戦後の日本がどのようなシステムのもとで成長してきたかを理解するためには、野口悠紀雄さんの『**1940年体制**』（東洋経済新報社）が一番分かりやすい。加えて、なぜ戦争になったのかを含めて考えるなら『**昭和史**』（平凡社）がオススメです。

また、歴史を見る時、私たちはついつい政治体制とか王朝の変遷とか、そういうところに気を取られてしまいます。しかし本当の歴史というのは、変革期に生きた人々がどんな気持ちでどう生きてきたのか、そういった普通の人々の心情を知ってこそ理解できるものではないでしょうか。そうでなければ、歴史全体に対する理解が表面的になってしまいます。

敗戦直後の日本人を理解するには、『**敗北を抱きしめて 上・下**』（岩波書店）が一番でしょう。

050

『敗北を抱きしめて』
上・下

ジョン・ダワー著
三浦洋一訳、高杉忠明訳

岩波書店

敗戦後、普通の人々はどう暮らしていたのか？　貴重な写真と本文でたどる。

日本人が書いたものでは、少し視点は異なりますが、小熊英二さんの『**〈民主〉と〈愛国〉**』（新曜社）もいいと思います。しかしかなり分厚いので、ジョン・ダワーの方を優先しました。小熊さんの本は分厚いので骨が折れますが、意欲のある人はぜひチャレンジしてください。

敗戦後の日本の市民は、意外にあっけらかんとしていました。一方でインテリや社会的地位が高い人は、ああ日本は負けた、神国日本は負けた、自分ももう終わりだ、といったやけにオーバーな反応になりました。94ページで触れたような、男と女の違いのようなものです。
ご飯を何不自由なく食べられる人は放っておくと余計なことを考えるけれど、そうでない人はそんなことを考えている暇もない。まずちゃんと食べて子供を一人前に育てなければならない。そういう気持ちがあるから、市民はとにかく強い。
この本は、著者が日本中を歩き回って取材したことを丁寧にまとめたルポルタージュです。たくさんのエピソードが収められているので、初めから全部読まなくても大丈夫。どのエピソードでも面白く読めるでしょう。

様々な角度から「歴史」を知って、他人と自分の「今」を俯瞰的に眺め、さらに時間軸、空間軸から自分の立ち位置を読み取る。そうした感覚を研ぎ澄ませることは、ビジネスの世界を生きるうえでも大きな武器になるに違いありません。歴史は間違いなくビジネスに効くのです。

051

『〈民主〉と〈愛国〉』

小熊英二著

新曜社

太平洋戦争に敗れた日本の言論人の発言や人生を追い、公的言論の変遷を丹念にたどる。

政治思想論集
カール・シュミット
徳の政治
物語 フランス革命
フランス革命の省察
アメリカのデモクラシー
第一巻（上）
世界をゆるがした十日間（上）
ワイルド・スワン
ユン・チアン

国家と政治を理解するために押さえるべき本

「公」と「私」と「左翼」と「保守」を振り返る

PART 6

この章では日本の政治についてじっくり考えてみましょう。

日本の政治といえば、55年体制です。55年体制を描いた本はたくさんあるのですが、個人の伝記を通して、55年体制を見事に描き切った本が、**『田中角栄 戦後日本の悲しき自画像』**（中公新書）です。

著者は元朝日新聞記者の早野透さん。55年体制を象徴する政治家、田中角栄元首相の番記者だった早野さんが、55年体制とはどういうシステムだったのかを、田中角栄の個人史を通じて解き明かした本です。戦後政治の枠組みをこれほど明瞭に描き切った本はほかにないのではないでしょうか。これ一冊で、戦後の政治の大きな流れが理解できると思います。私自身は田中角栄とは考え方が全く違うのですが、本書を読んで改めて田中角栄はすごい人だったのだなと思いました。

高度成長とともに政治家として影響力を強めていった田中角栄がいかにしてその地位を築き、いかにして力を失ったのか。膨大な取材の蓄積の中から選りすぐった事実が、緻密で、かつ品のある文章に凝縮されています。

052

『田中角栄 戦後日本の悲しき自画像』

早野透著

中公新書

田中角栄の生涯を通し、氏の番記者だった早野透氏が戦後政治を振り返る。

早野さんは、田中角栄の後援会である「越山会」の真実を知るために、新潟支局への赴任を希望したといいます。現地で一軒一軒訪ねて、取材を積み重ねてきたジャーナリスト魂の結晶です。田中角栄の人物像と55年体制の全貌が一冊で理解できる、一石二鳥のお得な本と言えるでしょう。

もっとも、戦後の政治システムは、実は小選挙区になってからかなり変わっています。田中角栄が亡くなってからもう20年以上が経ちました。細川護熙、小沢一郎両氏が手がけた小選挙区制度は、日本の政治の大きな分水嶺だったという気がしています。その変化を分かりやすく整理したのが、**『首相支配——日本政治の変貌』**（中公新書）だと思います。

1選挙区で一人しか当選できない小選挙区制度が衆院選に導入されたことで、いわゆる市場の力がさらに強くなったことで、55年体制そのものもかなり変わりました。要するに、1990年代の政治改革とはなんだったのかということを、この本は政治学者の視点で構造的に分析しています。早野さんの本とこの本を読めば、戦後の政治の大きな流れのようなものはほぼカバーできると思い

053

『首相支配——日本政治の変貌』

竹中治堅著

中公新書

政治学者が戦後政治の変遷について、事実に基づき丹念にまとめた一冊。頭の整理に。

ます。

また現在、私たちが問われているのは、劇場型政治、あるいはポピュリズムではないでしょうか。小泉政権は「小泉劇場」などと言われましたが、民主党もポピュリズムでしたし、安倍政権ももしかしたらポピュリズム的なのかもしれません。

選挙制度が変わる中で、政治はかなり変貌しました。選挙制度とともに、民主主義そのものも変わったのかもしれません。そこで、**『変貌する民主主義』**（ちくま新書）という本を次にご紹介しましょう。

日本・中国・韓国のナショナリズムや新自由主義などとの関係は一度押さえておかなければいけませんし、そもそも民主主義とはどういうものなのかということもこの本で整理できます。

政治において、一番考えなければならない厄介な問題はポピュリズムであり、ナショナリズムであり、はたまた新自由主義のような考え方だと思うからです。古典的な民主主義から、市場主義経済が蔓延する中でポピュリズムやナショナリズムが生まれてきた大きな流れがよく理解できます。

054
『変貌する民主主義』
森政稔著
ちくま新書

時代とともに変化する民主主義を、その底流に流れる思想の変化とともに描き出した。

人間には「労働」「仕事」「活動」の3つの行為がある

さて、戦後のわが国の政治状況を中心に頭を整理した後で、政治の原点を考えるために古典を読んでみましょう。ほとんどの政治家が読んでいる（と思われる）、マックス・ウェーバーの**『職業としての政治』**（岩波文庫）です。

近代のほとんどの知性はマックス・ウェーバーから始まると言っても過言ではないと思います。著書には『職業としての学問』があり『職業としての政治』があり、『プロテスタンティズムの倫理と資本主義の精神』があります。マックス・ウェーバーの名前を聞いたことのない人はほとんどいないでしょう。どの本も決して厚くはありませんので、一度きちんと読んでみましょう。古典中の古典です。

「（前略）『権力本能』――と一般に呼ばれているもの――は政治家にとっては実はノーマルな資質の一つである。――ところがこの権力追求がひた

055

『職業としての政治』

マックス・ヴェーバー著、脇圭平訳

岩波文庫

すべての政治家・政治家志望者が読むべき古典。政治家の心構え、必要とされる考え方。

すら『仕事』に仕えるのでなく、本筋から外れて、純個人的な自己陶酔の対象となる時、この職業の神聖な精神に対する冒瀆が始まる」

比例区で当選したのに平気で離党を考えるような政治家は、この『職業としての政治』を読んで頭を冷やしてもらいたいものです。

政治の大きいテーマの一つとして、私と公の問題が挙げられます。市場経済とは、個人が自由に活動すること。特に近年では、経済が分からないと政治も分かりません。米国の大統領選でも、直近の株価次第だと言われています。株価と政治の関係は私と公の関係であって、株価が政治に影響するさまは個人や企業、経済といった「私」の肥大化だと考えることも可能だと思うのです。

政治とは、つまるところ税金の分配。税金の分配とは何かと言えば、公共財や公共サービスの提供です。であるならば、政治のベースにあるのは「公」であるはずです。民主主義は西洋で生まれたものですから、西洋の民主主義の長い歴史の中で「公」と「私」がどのように扱われてきたのか、「公」とは何かということを、きっちり踏まえておく必要があります。

それには20世紀最大の哲学者の一人である、ハンナ・アーレントの『**人間の条件**』(ちくま学芸文庫)がオススメです。戦後の名著の一つです。

056

『人間の条件』

ハンナ・アレント著、志水速雄訳

ちくま学芸文庫

「労働」「仕事」「活動」の3側面から人の活動を考察、「公」と「私」の領域を探る。

公とは何か、私とは何か。それが、国家や経済の発展、技術革新とともに変化し、「私」の領域だった活動がどのように「公」の領域を浸食していくか。そういったことを、実に緻密に論じています。経済学をはじめとした社会科学に対する突き放した理解など、アーレントが書いていることは全編にわたって、実に示唆に富んでいます。中でも人間の行為を労働、仕事、活動に分けて整理しているところに新鮮な発見があります。

労働、すなわちレイバーは私経済であり、お金を稼ぐための活動です。一方の仕事、つまりワークは作品を作ったり、モノを作ったりすることです。そして、活動、アクションというのはモノや事柄の介入なしに人と人の間で成り立つ行為で、熟考して本質を捉えることも含まれます。活動は、古代にさかのぼれば、主として政治などの公的なものを指していました。

アーレントはこの3つの存在を縦糸として、横糸にギリシャから現在に至る政治、社会状況の変化を踏まえて、この3つの行為がどのように変貌してきたかを整理し、レイバーが資本主義の下でどんどん肥大化し、それに伴って公的な問題のために人間が活動する能力が次第に弱ってきた、という結論を導いています。
先にご紹介したウェーバーはいわば原理原則のかたまりみたいなもの。それにアーレント独特の分析を加味して、「公」というものについてじっくり考えてみましょう。

政治とは、すなわち権力。そして、国家もむき出しの権力です。そのリアリズムを離れて甘いロマンチシズムや感傷で政治を語ってしまうと、政治には何も期待できません。その本質を再認識するには、カール・シュミットの**『政治思想論集』**（ちくま学芸文庫）がうってつけだと思います。

057

『政治思想論集』

カール・シュミット著
服部平治訳、宮本盛太郎訳

ちくま学芸文庫

法、権力、国家理性などの基本概念や自由主義批判などに取り組んだ7編。

本書にはカール・シュミットの代表的な論文がいくつか入っていますが、とりわけ「権力並びに権力者への道についての対話」では、権力がなぜ成り立ち、どのように大きくなったのか、人々はなぜ征服されるのか、といった基本的な問いに対する深い洞察が対話を通じて展開されています。

短い論文ですからぜひ通読してみてください。

そして、「人間は人間にとって人間である。だが、人間であることは、それにもかかわらずつねに一つの決意をすることなのだ」という結びから、政治に必要な資質について思いを巡らせてみましょう。

最近、「支持する政党や政治家がいない場合は白票を投じよう」「選挙に行かないことも市民の一つの意思表示だ」などという人が増えています。自己満足のためならそれでも構いませんが、今の政治制度の下では、選挙に行かないこと、あるいは白票を投じることは比較第一党に入れることと結果的には同じです。カール・シュミットは、政治がリアリズムそのものだということを教えてくれます。白票を入れろとか棄権しろなどという一種の感傷主義からは早く脱却してほしいと思います。

さて、政治を切り口に6冊を駆け足で見てきました。ここで少し視点を変えて、政治に伴う対立軸、レッテルについて考えてみましょう。

世の中の対立軸にはいろいろなものがあって、「自由か平等か」「市場か統制か」「中央集権か地方分権か」など枚挙に暇がありません。政治について言えば、「保守対革新」、あるいは「右翼対左翼」といった対立軸がその典型でしょう。特に、「保守と革新」「右翼と左翼」という概念は人々の座標軸を定めるうえで、かなり大きな影響を及ぼしていると思います。

「右翼」と「左翼」はフランス革命が生み出した

この「右翼」「左翼」という言葉は、フランス革命に端を発しています。フランス革命の最初のきっかけをつくったのは、財政難に陥った国王ルイ16世でした。国家財政破綻の危機に際し、特権階級にも税金を払ってもらうよう、もくろんだのです。

しかし貴族たちは、免税特権という既得権益にしがみつき、これに激しく抵抗、国王は国民の代表が集まる「三部会」を開いて意見を聞いて決めるしかない状況に追い込まれます。そもそもは、国家財政難でも自分たちの懐は痛めたくないという特権階級の利己心が出発点でした。

そして1789年、ベルサイユで170年ぶりの三部会の初会合が開かれ、全国から選挙で選ばれた1200人もの代表者が集まりました。ここで身分別に採決するか、議員数で採決するかで意見が割れます。第一身分（僧侶）と第二身分（貴族）を足した数と、サン・キュロット（貴族と違ってキュロット＝半ズボンをはかない人）と呼ばれた第三身分の平民の数がほぼ同じだったからです。議員数でみれば、平民に同調する何人かの第一身分と第二身分を足し合わせれば、第三身分の意見が通ることになります。

そこで第三身分の人々は独立する動きを見せ、第一身分と第二身分に、合流を呼びかけました。それを見たルイ16世が第三身分の人々が会議をしていた部屋を閉鎖したため、第三身分は急遽テニスコートに集まり会議を開き、そこに第一身分、第二身分の多くが合流し、「憲法をつくるまで、我々は解散しません」という「テニスコートの誓い」を立てました。

その動きを受けて、ルイ16世はあくまで身分別の議決を呼びかけましたが、三部会は応ぜず、3つの身分が合流して開かれたのが憲法制定国民議会で、これが現代でいう「国会」のルーツの一つになりました。その時に、議長から見て右の方にアンシャンレジーム（従来型の社会体制）を維持したい人々が座ったため、そこから右翼、左翼という言葉ができたというわけです。

こうおさらいすると、近代社会の基礎はフランス革命の時に生まれたということがよく分かるのではないでしょうか。以後、階級的な封建社会の打破を目指したフランス革命は、それまでは必ずしも一般的ではなかった「自由、平等、博愛」という理念を掲げるようになりました。メートル法といった度量衡、ネーションステート、すなわち国民国家という考え方、さらには民法典など近代国家の重要なインフラもかなりの部分がフランス革命を通じて生み出されました。

日本の戦後の混乱期にも、フランス革命を研究する学派がありました。先行きの見通せない時代に、市民社会のありようをゼロから考えるには、フランス革命についての考察を深めることが欠かせないのではないかと思います。

そこでフランス革命に関する書籍をいくつかご紹介しましょう。1冊目は佐藤賢一さんによる**『小説フランス革命』**全12巻の中の11巻（集英社）です。現在12巻まで出版されていますが、11巻を読むだけでもいいだろうと私は思います。

人形浄瑠璃や歌舞伎でも、決して物語のすべては上演しませんね。一番素晴らしいところだけを取り上げて演技します。それと同様に、このシリーズはクライマックスに当たる11巻だけでも十分に面白く、様々なことが分かるような気がします。

058

『小説フランス革命11
徳の政治』

佐藤賢一著

集英社

革命末期、サン＝ジュストら腹心を抱えたロベスピエールはダントンやエベールを切る決意を固めた。

この巻は、ロベスピエールが、かつての革命の同志であったダントンやエベールを断頭台に送って処刑してしまう時期を扱っています。ややくだけている佐藤さんの文体は好き嫌いが分かれると思いますが、口語体で読みやすく、面白く書かれています。文体の好みが合い、ゆっくり取り組みたい人は全巻を読んでもいいと思います。

ただ、佐藤さんの本はあくまで小説ですので、もう少し整理されたものをきちんと読みたいと思われる人がいるかもしれません。そういう人にオススメなのが、中公新書の『**物語 フランス革命**』です。
こちらも大変分かりやすく、意外に知られていないフランス革命の面白いエピソードが盛りだくさんに紹介されている良書です。佐藤さんの本で、物語を通じて当時の息吹を生で味わった後、ざっと全体をまとめてある本書を読めば、「フランス革命とはこういうものだったのか」「ああ、それで最後はナポレオンになっちゃうんだ」という感じで、フランス革命の流れと全貌が感覚的につかめると思います。
フランス革命についてはこれまでも山ほど本が書かれていますが、この2冊は比較的最近、出版された本です。まずは面白い小説とその要約という形で、フランス革命を軽くおさらいしてください。

059

『物語 フランス革命 バスチーユ陥落からナポレオン戴冠まで』

安達正勝著

中公新書

様々な闘争や権力の混乱が起こったフランス革命の全体像を、分かりやすく描いた良本。

「人間は本質的にはアホである」

先ほど、右翼と左翼という言葉はフランスの国会における席次が起源だという話をしましたが、「保守」「革新」という言葉も実は、フランス革命からきています。エドマンド・バークは**『フランス革命の省察』**（みすず書房）で保守主義を唱え、「保守主義の父」と言われるようになりました。

バークは何を言おうとしたのか。私の理解では、バークは人間を本質的にものすごくアホな存在であると考えていたのだと思います。そのアホな人間がいくら理性で考えても、大したことは考えられない。だから理性万能主義ほど恐ろしいものはないのだ、と捉えていたようです。バークの言いたかったことを平たく解釈して述べれば、次のようになると思います。

例えば、フランス革命では、それまでのグレゴリウス暦に代えて革命暦を作りました。グレゴリ

060

『フランス革命の省察』

エドマンド・バーク著、半沢孝麿訳

みすず書房

硬派なフランス革命分析。難解だが、フランス革命についての理解を深めたい人に。

ウス暦はキリスト教の影響を受けており、シーザーやアウグストゥスの名前も月名の起源にしているわけですから、アンシャンレジームそのものであると考えたのです。

そこで、月名は霧月（ブリュメール）や熱い月（テルミドール）、曜日は10曜日あり、日付にも細かく名前をつけて新たな暦を作りました。1時間100分とか、1分100秒とか、すべて理性で考えたわけです。ところが、その暦は1805年までしかもちませんでした。理性で考えたものより、慣れ親しんだものの方がいいと多くの人々が感じたわけです。

言葉の問題でも、原理原則から考えれば世界共通のエスペラント語の方が便利かもしれませんが、結局は共通語にならず、英語が事実上の世界語になってきています。

バークが唱えた保守主義とは、社会の中で長い間生き残ってきたものは、理屈はどうであれ人々が受け入れており、その限りにおいて正しい。そのために社会がおかしくなってきたら少しずつ変えていけばいい。それが保守なんだという考え方でした。

すなわち何百年も続いてきた慣習や制度は、理由は分からなくても人々が受け入れていると見ていいのだ。だからこそ正しい――と。要するに、あるものを受け入れて、今、社会がうまく回っているのであればそれでよく、不都合な点だけを少しずつ変えていくのが人間社会のあるべき姿だと唱えたわけです。

バーク流に見れば、暦なんて変えなくたって誰も困らない。それなのに、フランス革命では暦を変え、理性の祭典ではそれまで親しまれてきた聖母マリアに変えて理性のシンボルとして別のきれいな女性をあがめたりしている。一般人は聖書を読んではいなくても、聖母マリアはありがたいなとなんとなく思って暮らしているわけです。バークは革命だといって新しく持ち上げた理性のシンボルである女性とマリアと一体何が違うのだ、いずれにせよきれいな女性をあがめているだけではないか、と笑うのです。

世の中の変化に合わせて微調整をして、不都合、不満を少しずつ改善していくのが保守というものです。ところが、日本の保守は少し違います。

保守政治家と言われている人は、例えば憲法改正を一所懸命にやろうとしていますが、現行の憲法については、現実問題としてはほとんど誰も困っていないわけです。バークが生きていたら、日本は保守という言葉の使い方を間違えている、と指摘するのではないでしょうか。フランス革命の革命暦などと同じで、後のことまでよく考えず、誰も困っていないことを自らのイデオロギーで無理にやろうとしているのではないか、と。

そう考えると、日本の保守は原理主義に陥ってしまったフランス革命の徒となんら変わりがありません。「社会に根づいている物事が正しく、困った点はちょっとずつ直していけばいい」という、真の保守主義がわが国には存在しない。それが、日本の根本的な問題の一つではないのだろうかと時々思います。

とはいえ、フランス人はやはり「理性」で考える人々の集まりで、今の政体を「第五共和政」と呼んでいます。フランス風に考えれば、日本では第一立憲制が明治憲法、第二立憲制が今の憲法ということになるはずですが、日本で日本の政体についてそう考える人はまずいません。そうしたことを考え合わせても、バークの古典を読んで、民主主義や、「保守、革新」という概念の本質をしっかり理解してほしいと思います。

トクヴィルが突いた人工国家、アメリカの本質

このテーマをもう少し続けましょう。

バークと並び称される保守主義者といえば、トクヴィルです。実はフランス革命は、アメリカ革命の影響を受けていました。なぜかといえば、世界で最初の人工国家がアメリカであり、ルソーの『社会契約論』の影響を受けた人々が契約の下に新しい国をつくるという考え方を実践に移してしまった国だからです。国家はもともとは自然発生的に生まれて

きたものです。でも、アメリカは違った。

アメリカ合衆国は、北米の原住民のほとんどが欧州から持ち込まれた病原菌で死に絶えた後、旧大陸から来た移住者、例えば欧州の白人やアフリカから連れて来られた黒人によって人工的につくられた国家です。

フランス革命で最初に戦いの狼煙を上げたラファイエット、彼は三色旗を作った人ですが、米国の独立戦争に加担した人でもあります。アメリカという人工国家の誕生時に生まれた理性や人権などというイデオロギーがフランス革命を準備することになったのです。

その米国のデモクラシーについて、トクヴィルが深掘りして描いたのが**『アメリカのデモクラシー 1巻上～2巻下』**（岩波文庫）です。この本は現在の米国を理解するうえでも必読だと思います。

この本では、トクヴィルが建国前からのアメリカの歴史を多角的に掘り下げており、今でも色あせることがありません。読んでいてぐいぐい引き込まれます。例えば、以下のような記述は、実に本質を突く指摘ではないでしょうか。

061

『アメリカのデモクラシー』
1巻上～2巻下

トクヴィル著、松本礼二訳

岩波文庫

1831年から1832年まで、ジャクソン大統領時代の米国社会を描いた近代デモクラシー論。

「合衆国には他と違って金持ちがいないというのではない。それどころかこの国ほど金銭欲が人の心に大きな場所を占め、財産の恒久的平等という観念がこれほど深く軽蔑されている国を私は他に知らない。ただここでは運が信じられない速さでめぐっており、経験の教えるところでは二世代続いて運に恵まれるのは稀である」

ちなみに、トクヴィルについてはごく最近、**『トクヴィルが見たアメリカ』**（白水社）という伝記が出版されました。トクヴィルがどのような旅をしながらアメリカに関する考察を深めたかなどを紹介する伝記です。現代人が書いていますし視点も面白いので、この2冊を合わせて読むとトクヴィルに対する理解が一層深まると思います。

ここまでフランス革命にまつわる本を紹介してきましたが、革命といえば近代ではロシア革命や中国の文化大革命があったんじゃないの？　とおっしゃる方もいるでしょう。最後に、ロシア革命と中国の文化大革命についても触れておきます。

ロシア革命については、冷戦が終わり、共産主義の優位性が失われたことはもう誰もが知るところでしょう。ただ、ロシア革命も最初のころはや

062

『トクヴィルが見たアメリカ』

レオ・ダムロッシュ著
永井大輔訳、高山裕二訳

白水社

『アメリカのデモクラシー』を書いたトクヴィルの旅の行程や道中のメモなどを整理。

はり世界に多大な影響を与えて、これはひょっとしたら新しい世界の始まりではないかと受け止められたものでした。そこで、米国人ジャーナリスト、ジョン・リードによるルポルタージュの名作**『世界をゆるがした十日間 上・下』**（岩波文庫）をオススメします。

巡洋戦艦オーロラ号の砲撃に始まり、それからのわずか10日間でロシア革命がどう変質していったのかを、ペテルスブルグを拠点にして取材したものです。いまさら、マルクス・レーニン主義などのイデオロギーは追わなくてもいいと思いますが、ロシア革命とはどのような革命だったのか、その現場にいた人が書いた革命の息吹を伝えるものとしては一級品だと思います。

063

『世界をゆるがした十日間』上・下

ジョン・リード著、原光雄訳

岩波文庫

アメリカ人ジャーナリストが見た、1917年のロシア革命の激動の10日間をリアルに詳述。

また、中国の文化大革命についてはやはり、ベストセラーにもなった**『ワイルド・スワン 上・中・下』**（講談社文庫）を強く推したいと思います。現代中国を理解するための一つの本質は、文化大革命期の大混乱期にあると思います。その大混乱をリアルに描き切っているのが本書です。

幼いころに紅衛兵も経験した著者ユン・チアンさんとその家族の過酷な実体験から、旧日本陸軍による満洲国の成立なども含めて、近代の歴史を生き生きと振り返ることのできる良書です。いずれも文庫になっていますので、ぜひ手に取ってみてください。

ちなみに、中国は共産主義の国家ですが、国を支えている官僚はものすごく優秀で世界のことを実によく知っています。私は、日本生命時代に中国に保険会社をつくろうと、3年ほどほぼ毎月「北京詣で」をしていました。相手の官僚とは何度も顔合わせをしているうちに随分親しくなりましたが、バークやトクヴィルのことも平気で議論することができました。考えてみれば皆、欧米の超一流の大学院を出ているのですから当たり前ではありますが。さて、日本のエリートはどうでしょうか。

064

『ワイルド・スワン』
上・中・下

ユン・チアン著、土屋京子訳

講談社文庫

中国共産党近代史を背景に、著者の祖母、母、著者3代にわたる人生の記録。

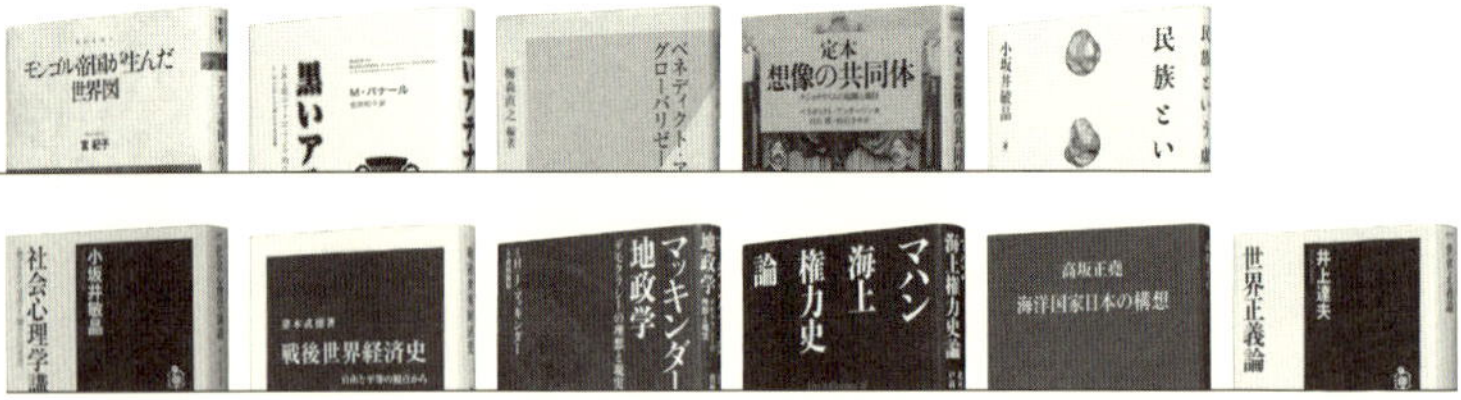
モンゴル帝国が生んだ世界図
M・パナール
梅森直之 編著
定本 想像の共同体
小坂井敏晶
戦後世界経済史
自由と平等の視点から
マッキンダーの地政学
マハン 海上権力史論
高坂正堯
海洋国家日本の構想
世界正義論
井上達夫

PART 7

グローバリゼーションに対する理解を深めてくれる本

「現象」の裏にある「本質」は誰も教えてくれない

第7章は、「グローバリゼーション」を考えるための本です。今回も、比較的骨太の本を多く取りそろえました。というのも、私は、読書は知識を得るためではなく、自分の頭で考える材料を得るためにあると考えているからです。

少し古い話で恐縮ですが、2013年1月にフランス軍がマリに侵攻しました。10人の日本人をはじめ多くの方が犠牲になった、アルジェリアの天然ガス施設における人質事件の発端になった出来事です。

マリ政府の要請を受けたフランスが軍事介入、それに反発したゲリラがフランスに圧力をかけるため、アルジェリアのイナメナスで日本人を拉致してマリに連れていこうとした事件です。ということは、フランス軍がマリに入らなければ、日本人が犠牲にならずに済んだのかもしれない。それなのに、フランス軍がなぜマリに入ったのかということを、日本の新聞は何も書いていませんでした。

私の答えは、フランスの電力を守るためだった、というものです。

フランスはほとんどの電力を原子力に頼っていますが、実はその3分の1以上をニジェールのウランに依存しています。ニジェールの隣国がマリで、その隣がアルジェリアです。もしニジェールにゲリラ部隊が攻め込んだら、フランスの電力が3割以上消えてしまうことになりかねない。フランスの電力に依存しているEU（欧州連合）が崩壊しかねない事態でもありました。

電力という貴重な社会基盤をニジェールに依存している以上、その周囲の紛争は何があっても解決しなければいけない。ゆえに、フランスはためらわずにマリに入り、EUもそれをすぐに支持したのではないか。

……と、素人の私でさえすぐにそう考えました。いろいろな本を読んできて、グローバリゼーションを縦横に考えてみると、やはりそういう解が自然に見えてきたのです。

日本のメディアは、フランス軍がマリに入って、世界遺産のトンブクトゥを解放して、ゲリラが散ったなどと現象面だけを報じていました。そもそもなぜマリに軍事介入したのかを教えてくれないのです。メディアだけに頼っていては、何も分かりません。今回紹介する本を読んで、そういったことを自分で考える思考経路を組み立ててほしいと思います。

通貨戦争にボロ負けした幕末日本

では本題に入りましょう。まずは、私からの質問です。「ペリーはなぜ、鎖国中の日本にわざわざやってきたのでしょう？」。

貿易がしたいから？　捕鯨のため？　いやいや、もう少し突っ込んで考えてみましょう。

それは、これからご紹介する本で読み解けます。

最初の本は、１８５３年に日本に黒船に乗って来航したペリー提督の報告書**『日本遠征記 1～4』**です。

この本が翻訳されたのは、１９４５年（昭和20年）、まさに敗戦の年でした。１巻冒頭の解説で、訳者は「マッカーサー将軍は民主主義日本の黎明《れいめい》を告げる人とならうとしてゐる」（原文ママ）などと書いています。この本の原書は、ペリー提督の報告書を、フランシス・L・ホークスという人がペリー提督の監修のもとに編纂したものでした。

当時の日本の状況や国際事情が「アメリカ目線」から紹介されており、教科書的な知識しかない場合は目からウロコが落ちること、間違いありません。そして、ペリー提督が黒船で来日して、言語から地政学的な歴史、文化に至るまで、恐らくは日本人以上に日本のことを洗いざらい調べ上

065

『ペルリ提督 日本遠征記』

1～4

土屋喬雄訳、玉城肇訳

岩波文庫

黒船を率いて日本にやってきたペリー提督は、遠征の過程や目的などを詳細に残していた。

げたことがよく分かります。また、米国内でも日本に来るための根回しにいかに努めたかというウラ事情も垣間見られます。

19世紀当時の米国の最大のライバルは大英帝国でした。中国との貿易をめぐり、米国は大英帝国と争っていました。お茶を含めた中国の豊かな産物が狙いです。ペリーは、大西洋を通ってイングランドに行き、それからインド洋を渡って中国に来ています。でも、こういう航路を通っている限り、絶対に大英帝国には勝てません。大英帝国はインド洋を通ればいいだけで、大西洋を渡る必要はないのですから。そこでペリーは、太平洋を通って中国に来れば、大英帝国に勝てると考えた。

しかし、そのためには日本という中継基地がいる。これが米国の当時の世界戦略でした。事実、日本には貿易と同時に複数の貯炭庫の設置を求めたことが、本にも書かれています。

この文庫本4冊は一部絶版になっており、現在は古本しかありません。ただ、『日本遠征記』をベースにした読みやすい小説があるのでご紹介しましょう。それが**『ペリー』**（角川書店）です。

066

『ペリー』

佐藤賢一著

角川書店

黒船に乗ってやってきたペリー提督を主役にしたノンフィクション風小説。

漫談調で書かれていてとても読みやすい本です。

融通の利かない杓子定規な幕僚に対して、頭に血が上ったペリーがぞんざいな口調で怒ったり悩んだりする姿が描かれています。「人間ペリー」の苦闘ぶりを生き生きと描写しながら、当時の史実を紹介しています。

この本のベースになった冒頭の『日本遠征記』は、書店では売っていなくても図書館にはあると思います。ただ、旧字体で書かれていますし、字も小さいです。簡単に読みたいと思われる人は、こちらの小説からどうぞ。そして、物足りないと思った人は、ぜひ『日本遠征記』を手に取ってください。

067

『大君の通貨
幕末「円ドル」戦争』

佐藤雅美著

文春文庫

開国後、日本が初めて経験した外国為替を描いた。リーダーの無知は恐ろしい。

さて、日本のグローバリゼーションの出発点を見たら、次は為替の出発点を見ておきましょう。『**大君の通貨 幕末「円ドル」戦争**』（佐藤雅美著、文春文庫）です。

そもそもペリーが来た時に日本の為替はどのような扱いを受けたと思いますか。つまり、日本が米国の力によって開国した時に、為替市場（当時は金と銀の交換レート）では一体何が起こったのかということです。これをきちんと見ておくと、きっといろいろなことが分かります。日本は明治維新の前後から、いわばグローバルな世界に取り込まれたわけですから。

ペリーほどではありませんが、歴史に名を残している米国人に日米修好通商条約に調印した外交官、タウンゼンド・ハリスがいます。教科書のうえでは、比較的「紳士」のイメージで伝えられてきたと思います。このハリスをはじめとする外国人たちが開国後、いかに小判（金）と銀貨の為替をめぐる投機に取りつかれ、紳士然としながらも、強欲な醜いカネの亡者になっていたのかが、実に生き生きと描かれています。

読後、為替がいかに重要で大きな存在か、そして無知なリーダーがいかに人々を不幸にするか、ということをしみじみと考えさせられるのではないでしょうか。

当時の状況を改めて考えてみてください。日本は長い間鎖国をしていて、そもそも為替に関する情報がほとんど入ってきていません。しかも、相手はどんどん力を付けている米国で、まずは無理筋の要求を突きつけてから交渉を始めるのが常。それなのに、いきなり為替のディールに臨んでみたって、勝てるわけがない。

そういった当時の様子が克明に描かれています。ああ、無知とはいかに恐ろしいことなのか……。思わずため息が出てしまうかもしれません。

明治維新といえば、坂本龍馬や西郷隆盛をすぐに連想してしまいますが、そういったありふれた視点から離れて明治維新を「地球大」で考えてみましょう。そのスタートとして『ペリー』と『大君の通貨』は最適だと思います。

世界は「中心」と「辺境」から成り立っている

次は世界の構造を知るための本です。

068

『近代世界システムⅠ
——農業資本主義と
「ヨーロッパ世界経済」の成立』

I. ウォーラーステイン著、川北稔訳

名古屋大学出版会

資本主義経済の出発点、16世紀ヨーロッパにおける近代世界システムの誕生を活写。

となると、イマニュエル・ウォーラーステインさんの著作は外せません。歴史的名著『**近代世界システムⅠ**』（名古屋大学出版会）をぜひ読んでみてください。ウォーラーステインさんのライフワークである世界システム論をひもといた本です。

本書は16世紀のヨーロッパの構造をひもとき、現在にいたる世界経済の仕組みの出発点について実証的に分析したものです。現在、ウォーラーステインさんは教授職を引退して米エール大学で上級研究員を務めています。

なお、続編として『近代世界システムⅡ　1600-1750——重商主義と「ヨーロッパ世界経済」の凝集』（川北稔訳、名古屋大学出版会）、『近代世界システムⅢ　1730s-1840s——「資本主義的世界経済」の再拡大』（川北稔訳、名古屋大学出版会）が出版されており、2011年発刊の最新刊『近代世界システムⅣ　1789-1914——中道自由主義の勝利』では第一次世界大戦が始まった1914年までを扱っています。

これらの本を読むと、世界の構造は一つであって、「中心」と「辺境」から成り立っていることが鮮やかに理解できます。その歴史的な変化や、政治と経済との関係などについて、様々な角度から考えることができるでしょう。

ウォーラーステインさんは、経済学者のカール・マルクスやジョセフ・シュンペーター、歴史学者フェルナン・ブローデルなどの世界観から大きな影響を受けています。批判も多い人ですが、混迷する現代世界を再び考え直す格好の材料にはなると思います。少し骨太ですが、ぜひ読んでみましょう。

さて、ウォーラーステインさんの大作を読み込んで、世界における「中心」と「辺境」についての理解を深めたら、明治以前のグローバルな時代を振り返ってみましょう。鎖国以前の日本人がいかに素晴らしかったか、それを鮮やかに描いた小説が『**クアトロ・ラガ**

ッツィ 天正少年使節と世界帝国 上・下』（集英社文庫）です。

クアトロ・ラガッツィとは、4人の少年という意味です。16世紀の終わりごろ、日本がグローバル社会に開かれていた時代に、夢と希望にあふれて世界に出て行った九州出身の4人の少年たちの物語です。

出発した時は織田信長の安土桃山時代でした。彼らはイエズス会の日本人信徒として、中国、インド、ポルトガルを経てスペインに渡り、スペインのフェリペ2世に謁見しました。そこからイタリアに渡り、フィレンツェではフランチェスコ・デ・メディチ大公から熱烈な接待を受け、さらには芸術史上の大パトロン、ファルネーゼ枢機卿に迎え入れられてローマに入りました。そこではローマ教会の頂点に立つグレゴリウス13世と全枢機卿に公式に接見しています。当時の世界の最高峰の文化・芸術に直接触れた最初の日本人でした。

4人の少年は8年もの間、世界を回って成長し、ラテン語を話す立派な大人になって帰国します。その後、豊臣秀吉にも親しく接して西欧の知識、文物と印刷技術を日本にもたらしました。

069

『クアトロ・ラガッツィ
天正少年使節と世界帝国』
上・下

若桑みどり著

集英社文庫

欧州各国を回り、宣教師となった少年たちの物語。末路は悲惨だが、日本人の素晴らしさが実感できる。

ところが、時代は悲惨な鎖国へとつき進み、彼らを派遣したキリシタン大名たちが死に、キリシタンに対する未曽有の迫害が始まります。そして、彼らの運命は突如として、坂道を転げ落ちるように暗転していきます。

日本を船出していった時は太陽が照り希望に満ちて輝いていたのに、帰国したら猛烈な嵐に見舞われました。その中で、時代の流れに振り回されながらもけなげに生きようとし続けるのですが、やがて実に理不尽で残酷で、悲惨な最期を迎えてしまいます。クライマックスでは、権力は、善良で聡明で勤勉な人々に対してここまで残酷になれるものなのかと、もう涙なしには読めません。

私はもう66歳ですから、最近は面白い本でも徹夜して読むことはありませんが、この本は徹夜して読み通した最後の本でした。大変感動したので、翌朝になってすぐに著者の若桑先生に電話して、「勉強会に話しに来てください」とお願いしました。その時は奇跡的に電話がつながって、その場で快諾いただきました。皆さんも、ぜひ歴史のうねりと非情を全身で感じられる素晴らしい傑作の醍醐味を味わってください。

さて、ここで少し時代をさかのぼってみましょう。まずは、中世14世紀の**『モンゴル帝国が生んだ世界図』**（日本経済新聞出版社）です。

虚構に過ぎない「民族」がなぜ人を動かすのか？

この本は、20世紀初頭に京都・西本願寺で、また1988年に長崎・本光寺で見つかった二つの14世紀の地図をベースに、世界の構造やグローバリゼーションを考えた本です。カラーの図や写真が満載ですので、パラパラとめくっているだけでも博物館の資料を見ているような楽しさがあります。手に取って眺めているだけでもいろいろと発見があるかもしれませんね。

070

『モンゴル帝国が生んだ世界図』

宮紀子著

日本経済新聞出版社

膨大な古地図や絵図、文献資料にあたり、14世紀に共有されていた「知」を読み解く。

次が問題作の**『黒いアテナ 上・下』**（藤原書店）です。こちらは、欧米でも大論争を巻き起こした有名な本です。

古代ギリシャと言えば、端正なマスク、素晴らしく均整の取れた肉体、オリンピックの発祥地など西洋の白人文明の象徴ですね。ところが、古代ギリシャはエジプトなどアフロ・アジア文明の影響を受けていたのだという、天地をひっくり返す

071

『黒いアテナ』上・下

マーティン・バナール著、金井和子訳

藤原書店

古代ギリシャの女神アテナは、金髪の青い目ではなく黒かった。ギリシャ史の真実。

072

『ベネディクト・アンダーソン グローバリゼーションを語る』

梅森直之編著

光文社新書

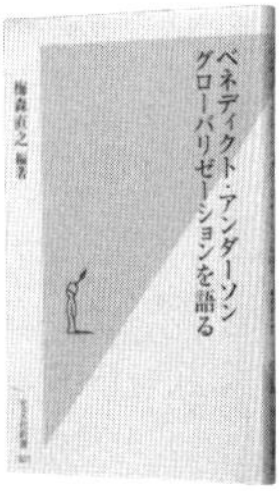

2005年、早稲田大学における二つの講義を収録。ナショナリズム理論入門。

ような論考です。タイトルが『黒いアテナ』なのはそのため。ギリシャがどれだけアフリカ（エジプト）やアジアから影響を受けていたか、つまり、いかにグローバルであったかということを考えさせられる本です。

ここまで、明治以前のグローバリゼーションを考えるうえで示唆に富む3冊を見てきました。後半は、もう一度グローバリゼーションの全体像を俯瞰してみましょう。

まず、有名な文化人類学者の日本での講演録**『ベネディクト・アンダーソン グローバリゼーションを語る』**（光文社新書）はいかがでしょう。こうした著名な学者が近年のグローバリゼーションをどう見ているのか、さらりと知っておくのも面白いと思います。彼の**『定本 想像の共同体』**（書籍工房早山）はウォーラーステインさんの『近代

073

『定本 想像の共同体』

ベネディクト・アンダーソン著
白石隆訳、白石さや訳

書籍工房早山

国民とは何か、ナショナリズム研究の新古典。社会科学・文学研究の必読書。

074

『民族という虚構』

小坂井敏晶著

東京大学出版会

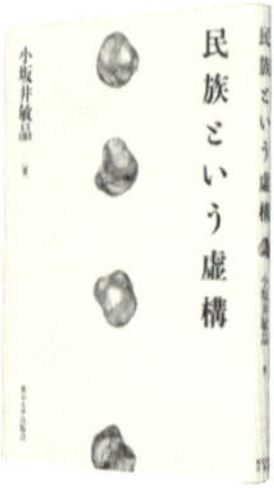

民族という概念は虚構であるという前提から「民族」意識がもたらすしくみを考察。

世界システム』と並ぶ歴史学徒の必読書です。

次に、小坂井敏晶さんの名著**『民族という虚構』**(東京大学出版会)。グローバル社会の中で、必ず問題になるのは民族紛争です。本書は社会心理学者からみたグローバリゼーション分析で、歯応えがあります。そもそも民族は存在するのか、また存在するとすればそれはどのような意味においてか、などを追究した本です。民族というものをどう考えるのか、民族の問題はなぜやっかいなのかを考えるうえで最適な本の一つでしょう。

ちなみに、私はタイトルを見て、民族というのは実は虚構に過ぎないと、つくられたものであると、そういうことを主張している本だろうと思って読んだのですが、全く意表を突かれました。

全部で10章ぐらいの本なのですが、最初の2章ぐらいで、民族なんて虚構に決まっているよね、

075

『社会心理学講義』

小坂井敏晶著

筑摩選書

社会を支える「同一性と変化」の原理を軸に、人間と人間がつくる社会をラディカルに捉え直す。

076

『戦後世界経済史
自由と平等の視点から』

猪木武徳著

中公新書

自由と平等、市場システムが世界にもたらした歴史的変化の本質を明らかにする。

という結論をさっさと出してしまっている。それでは、残りの章に何が書いてあるかというと、このような虚構がなぜ強固に生き残り、人々の心を揺り動かすのだろうかということを、実にしつこく掘り下げているのです。私も読んで目からウロコが「ばさっ」と落ちました。著者には最新作で**『社会心理学講義』**（筑摩選書）という、人間と社会をトータルに分析したこれまた素晴らしい名著があります。

　文化人類学と社会心理学からグローバリゼーションを考えたら、最後は経済学ですね。そういう時は、**『戦後世界経済史　自由と平等の視点から』**（中公新書）がベストの一冊です。グローバリゼーションは戦後ずっと続いているので、これらの本を丹念にきちんと読み解くことが、現代社会を考える有力な手がかりとなると思います。

「万里の長城」に化けた鄭和の大艦隊

次に、視点を国際政治に広げてみましょう。国際政治の底流には、表層的な情報を追っているだけでは絶対に分からない何ものかが横たわっています。ゆえに、国際関係における突発的な問題が起こった時、メディアの情報だけを追っていては何も本質が理解できません。読者の皆さんがこうした事態に直面した時に、自分で考えるベースとなるような本をご紹介しましょう。

1冊目は地政学の祖、ハルフォード・ジョン・マッキンダーの大著**『マッキンダーの地政学』**（原書房）です。

077

『マッキンダーの地政学』

ハルフォード・J・マッキンダー著
曽村保信訳

原書房

国際関係を把握する〈ハートランドの戦略論〉の全貌が書かれている名著。

本書は、「ハートランドの戦略論」として世界的に知られています。ユーラシア大陸の一番核になる部分、すなわちハートランドを支配した国が、覇権を握るという発想です。私の学生時代の恩師の一人である高坂正堯が、「国際政治を理解するには、マッキンダーぐらい読まないとダメだよ」と言って、この本の原書をテキストにして地政学を教えてくださいました。

マッキンダーは英国人ですから、大英帝国の視点から地球戦略の壮大なグランドデザインを頭に描いています。世界の政治力学には、平たく言えば、陸軍の発想と海軍の発想があります。これは大陸国家の発想と海上国家の発想の違いと言ってもいいと思います。それを学ぶうえで、この本は大変に役に立ちます。

陸軍の発想は、鉄道という強力な「武器」の登場により、劇的に進化しました。大昔は馬でなければ人の移動ができなかったものが、鉄路によって大量の兵員を輸送することが可能になったからです。そうした兵站を基本に、敵国からの防衛に費用と人力を割いていくのです。

これに対して海上国家は、海上交易を通じてどのように経済交流をしていくか、さらには有事に際して、どのようにして安全な海上交通路を確保するかという視点が重要になります。米国人のアルフレッド・セイヤー・マハンが著した『**マハン海上権力史論**』(原書房)

は、こうした海上交通路、すなわちシーレーン（sea-lanes）の発想を学ぶのに最適な教科書だと思います。

この本を読めば、目下話題になっているシーレーン、ホルムズ海峡からマラッカ海峡を抜けて日本に原油を運ぶ航路も、マハンの発想で捉えることができます。前述したように、これからの国際政治を考えるためにはマッキンダーとマハンぐらいは勉強しておかなければダメだよと教わりましたが、今でもこの教えは色あせていないと思います。私の知る限り、国際政治の力学、地政学の基本を理解するうえでマッキンダーとマハンを超える書物はまだ現れていないと思います。

尖閣諸島のような海をめぐる争い、クリミアのような陸をめぐる争いなど、今の世の中でも陸と海の双方で争いが続いています。その包括的なグランドデザインを理解するために、これらの本はぜひとも一読した方がいいと思います。時間をかけてもいいですし、場合によっては1年計画でもいいので、この2冊を読み込むと、国際政治の姿が違って見えるようになるでしょう。

078

『マハン海上権力史論』

アルフレッド・T・マハン著、北村謙一訳

原書房

シーパワー理論を構築したマハンの代表作。世界の海軍戦略に影響を与えてきた。

海と陸の争いは、昔も今も世界中に見られます。大陸国家の代表のように思われている中国ですら、「陸の中国」と「海の中国」のせめぎ合いがありました。海の中国の象徴は、15世紀初頭の鄭和艦隊です。宋から続いてきた海上国家・中国の掉尾を飾る大艦隊ですが、中心となる船は、最低でも1000トンを超えていました。

当時の1000～2000トンと言えば、今の米国の原子力空母以上の規模感ではないでしょうか。この大艦隊がモンゴル人との戦いに手を焼いていた明という国の事情で忽然と消えたのです。この艦隊を維持するための費用は、モンゴルに対する防衛を目的とした万里の長城に化けました。中国は世界遺産、万里の長城を得た代わりに、インド洋での海上覇権を失ってしまったわけですね。

その空白をついて台頭してきたのが、ポルトガルでした。ただ、ポルトガルの探検家、バスコ・ダ・ガマの船はせいぜい100～200トンですから、鄭和の大艦隊が海上の覇者としてインド洋に残っていれば、ポルトガルが海の覇者になることは恐らくなかったでしょう。

私としては、この2冊を読んだうえで高坂正堯の**『海洋国家日本の構想』**（中公クラシックス）を読んでいただくと、日本にとっての地政学の重要性がさらによく分かるような気がしています。

最後に、正義について少し考えてみましょう。

前述したようなリアルポリティクスの本ばかり読んでいると、「正義はどこにあるのか」「人間はもう少し賢いのではないのか」などと考えたくなるものです。そんな時は、井上達夫さんの**『世界正義論』**（筑摩選書）を読んでみてください。気鋭の哲学者が、戦争や正義を今日的視点で論じた大変に読みやすい本です。

昔から、例えば、世界政府ができれば戦争がなくなって平和な世の中になるのではないか、といった漠然とした考え方がありますね。本書は正義を高らかに論じる一方で、世界政府については「出口がない」と切って捨てています。

すなわち国がいくつもあれば亡命ができるが、世界政府ができたら亡命ができず、個人にとって出口がなくなってしまうということです。このように正義を振りかざすだけではなくて、具体的な影響も踏まえて「正義とは何か」ということを実証的に論じています。

世の中に正義はたくさんあります。パレスチナの正義とイスラエルの正義は恐らく、両立しない

079

『海洋国家日本の構想』

高坂正堯著

中公クラシックス

外交政策の不在、平和の条件…。日本の外交戦略を考察するうえで欠かせない一冊。

080

『世界正義論』

井上達夫著

筑摩選書

国境を超えた世界正義は果たして可能なのか。法哲学で探求する。

でしょう。

この章では、歴史や政治経済を通してグローバリゼーションを見てきました。これを一つのきっかけに、自分の頭で考える癖をつけてください。

出口流、本の読み方

学生時代に、恩師から次のように教わりました。「古典を読んで分からなければ、自分がアホやと思いなさい。現代に生きている人が書いた本を読んで分からなければ、著者がアホやと思いなさい。読むだけ時間の無駄です」と。

なぜ、古典が難しいか。それは著作の動機、著者の意図が生じたそもそもの時代背景や社会状況が大きく異なるということに加えて、言葉の意味自体も異なるからです。例えば、サクラと聞けば、私たちは淡紅色のソメイヨシノを連想します。しかし、ソメイヨシノは江戸時代の末期に生み出されたごく新しい品種です。万葉集や古今和歌集に謳われたサクラは、恐らくヤマザクラです。

これに比べれば、時代背景や社会状況、言葉の意味を同じくする同時代人の書いたものは原則として分かって当然。分からないものは、著者自身が題材をよく消化していないからということになります。そんなものを読むのは、時間の無駄以外の何物でもない。まことに恩師の炯眼の通りです。

私はどんな本でも最初の4～5ページをきちんと読んで、そこで面白くなければその本は捨てます。面白ければ一字一句、腹落ちするまで精読します。オールオアナッシングです。読むか読まないかの基準は「面白いかどうか」がすべて。途中で分からなくなれば数ページ戻って読み直します。

このように1冊を完全に消化してしまうので、大方の本はまず再読することはありません。再読は、ごく限られた偏愛している本（例えば、**『ハドリアヌス帝の回想』**＝白水社）か、読んでから長い時間を経たというケースがほとんどです。

私は、昔から書物に対するフェティシズムがあるので、手を洗ってから本を読みます。本を読むという行為は著者と真剣に対話をすることだと思っているので、ほとんどの場合は椅子に座り机に向かって本を読んでいます。そういえばマキアヴェッリは衣冠束帯

081
『ハドリアヌス帝の回想』

マルグリット・ユルスナール著
多田智満子訳

白水社

著者が創り上げた、名君ハドリアヌスの晩年の回想記。洞察あふれる一冊。

して『君主論』を執筆したとか。その気持ちはとてもよく分かります。私は人の話を聴く場合でも原則としてメモは取らず、集中力を高めて頭の中に取り込むタイプなので、本に線を引いたり書き込んだりすることは全くありません。

大嫌いな言葉は「速読」です。本に書いてある内容をすぐに知りたければ、ウィキペディアを引けばいいのです。その方がはるかに早い。第一、人と話をしていて、速読されて喜ぶ人がいるでしょうか。速読は、世界遺産の前で記念写真を撮っては15分で次に向かう弾丸ツアーのようなものです。行ったことがあるという記憶は写真を見れば蘇るでしょうが、そこで何を観たかは少しも頭に残ってはいないでしょう。速読ほど有害無益なものはない、と考えています。

人の話も本も、集中力を高め相手に正面から対峙して初めて身につくものです。本をしっかりと読み込むためには、まず体力が必要です。疲れている時に本は読めません。

なお、人間が社会で生きていくために最も必要とされる自分の頭で考える能力、すなわち思考力を高めるためには、優れた古典を丁寧に読み込んで、著者の思考のプロセスを追体験することが一番の早道だと思っています。以上が、私の本の読み方です。

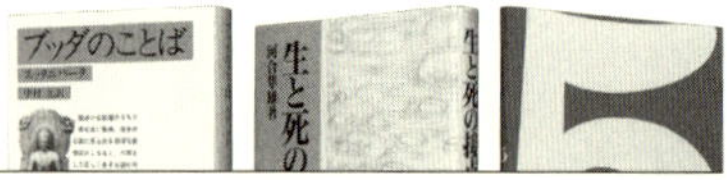
ブッダのことば
生と死の

PART 8

老いを実感したあなたが勇気づけられる本

高齢者は、次世代のためになるから生かされている

日本は高齢化社会に直面しています。「老い」という言葉から皆さんはどのようなイメージを思い浮かべるでしょうか。人は誰でも老います。老いを人生の大前提として考える時には、まず人間をはじめとした動物が必ず死ぬ運命にあること、そしてその宿命を変えることはできないということを踏まえて考察したいものです。

ですから、哲学であるとか心理学であるとか、難しい話をする前に、「動物にとって老いるとはどういうことか」という基本的な下部構造を理解しなければなりません。

動物は、次の世代のためにひたすら生き続けています。サケなどもそうですが、子供を生んだらまもなく死ぬような動物もいます。そうしたごく当たり前のことを生物学の視点から丁寧に説いたのが、本川達雄さんの**『生物学的文明論』**（新潮新書）です。

人生は50年でいいのに、なぜ60歳、70歳、80歳まで生きるのだと言う人がいました。その人の意見では、それは眼鏡と歯科医のせいであるといいます。でも、歯科医や眼鏡店がない未開社会でもおじいさんやおばあさんは生きていますし、とても大切にされています。

082

『生物学的文明論』

本川達雄著

新潮新書

あらゆる生き物には存在する意味がある。生物学的発想で社会を見つめ直す。

それはなぜか。おじいさんやおばあさんが子育てをはじめとした様々な生きる知恵やノウハウを授けてくれるので、お年寄りを大切にすることで次の世代にバトンタッチしやすくなると考えられているからです。そう考えると、破綻した企業のOBが企業年金の減額を拒否したとか、医療費を2割負担、3割負担に増やすことに抵抗している人がいるといった話を聞くと、少しわがままが過ぎるのではないかと思わざるを得ません。

高齢者は、その存在が次世代のためになるからこそ生かされているのです。老いたら自分たちのエゴは忘れなければいけない。そうしたことを様々な角度からじわじわと痛感させられる次の一冊が、シモーヌ・ド・ボーヴォワールの大作、**『老い』**（人文書院）です。

083

『老い』
上・下

シモーヌ・ド・ボーヴォワール著
朝吹三吉訳

人文書院

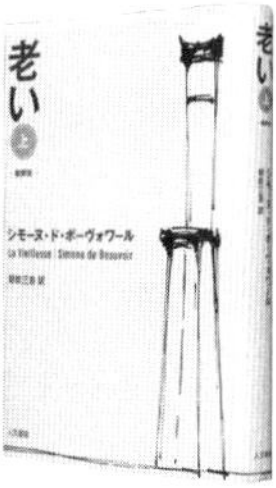

ボーヴォワールの傑作。あらゆる文献や研究をたどり、老いと生を対比して捉えた本。

「老いとはつまり、死のパロディーである」

ボーヴォワールはフランスの哲学者サルトルの事実上の妻で、現代風に言えば事実婚のパートナーです。『**第二の性**』（新潮文庫）が一番有名ですが、『老い』も大変な名著です。新装版が発刊されたので、今読んでみるのはタイミングとしても良いと思います。

この本は上巻と下巻で構成されており、上巻では「老い」を外側から観察します。まずはヒポクラテスの時代までさかのぼり、医学的・生物学的に老いがどう捉えられてきたかをたどります。そして、様々な未開社会の慣習などにも立ち入り、進化の過程で社会的に老いがどう扱われ、高齢者の存在がどうみなされてきたかを検証します。

さらに、歴史的に老いを人間はどう捉えてきたか、文学の世界ではどう表現されてきたかということについて、様々な文献や研究などを引用しながら丹念に調べて分析していきます。

084

『第二の性』

シモーヌ・ド・ボーヴォワール著
「第二の性」を原文で読み直す会訳

新潮文庫

女とは何か。女と男はどう違うのか。様々な学術的見地から論じた女性論の古典。

下巻では、いよいよ人間の内面に踏み込んでいきます。権力者が老いとどう向き合ったか、文学者や研究者が自らの老いをどう感じて生きてきたか。様々な資料に残された、老いていく人の内面や行動、葛藤、体や欲望などの変化について、日記や記録をじっくりとたどっていきます。

1970年代初頭に書かれた本ですが、今でも一般通念とされている老いに対する誤解、例えば欲望が衰えるとか、成長しなくなるなどといったことに対する反対の見解も様々な角度から示されており、外的な変化と内面の変化の双方から老いを大きな枠組みとして理解するうえで大変参考になります。世界を席巻した女性が知的にビシッと書いた、老いの全貌を知ることができる古典です。

この本の面白いところは、生に対して、死ではなく老いを対比しているところです。老いとはつまり、死のパロディーのようなものであると。どう生きてきたかによって老いが決まるのだと。だからこそ、生と対比すべきは老いであって、死ではないのだというのです。目次を読むだけでも緻密に体系的に書かれていることが分かりますし、好きなところだけを読んでも必ず得るものがあるでしょう。老いの全体像を頭に埋め込むには、この本が一番だと思います。

085

『おひとりさまの老後』

上野千鶴子著

文春文庫

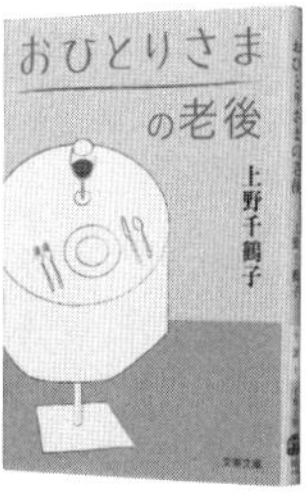

日本を代表する女性社会学者が、少子高齢化社会の老後を経験にも基づき展望する。

さて、フランスの大物女性知識人の名著で老いを理解する枠組みを構築したので、次は日本を代表する女性社会学者の著作をご紹介しましょう。上野千鶴子さんによる**『おひとりさまの老後』**（文春文庫）です。

大変評判になった本ですから、題名をご存じの方も多いでしょう。この本は一見ノウハウ的な本に見られますが、深い考察が随所に見られます。

人は誰しも一人で生まれて、一人で死んでいくわけです。いくら相思相愛の相手がいても、どちらかが先に死ぬのですから最後は一人です。その期間がどれだけあるかは分かりませんが、一人で老後を生きるとはそういうことなのだ、そこで人間の価値も分かるのだ、そんなことを考えさせられます。

この本は、「人間は皆一人で死んでいく」という視点から、一点突破のような形で老い全体を捉えている意欲作だと言えます。

ボーヴォワールと上野さんを併せ読むことで、フランスと日本、過去と現在、全体と部分という対比をしながら、老いについてきっと理解を深めることができると思います。

「28～35歳は求愛の季節」と分類したソロン

さて、老いを取り巻く問題について様々なことが分かってきました。読者の皆さんはまだ老いからはほど遠いかもしれませんが、40代、50代、60代と年齢を重ねていくなかで、死に向かっていろいろと気づかなければいけないのだな、などと思いをめぐらせるかもしれません。

世の中には、年を取ったら神社にお参りをしたり、悟ろうとして出家をしたりする人もいます。そこで「巡礼」という行為を、小説を読みながら一緒に考えてみましょう。巡礼とは何か、人生を振り返るとはどういうことか。それを味わえるのが小説**『ハロルド・フライの思いもよらない巡礼の旅』**（講談社）です。

たかが小説と侮ってはいけません。これがなかなか心にしみる物語なのです。定年退職した65歳の男性ハロルドが、病で死に瀕してサナトリウムで療養中の元同僚の女性に、20年前のある出来事のお礼をどうしても一言言いたくなって、突然、サナトリウムまでの1000キロの道を歩き始めます。きっかけはガソリンスタンドで出会った女性の一言でした。

「人間にはよくなる力があるんだから、それを信じなくちゃいけない。（中略）信じる心さえあれば、

086

『ハロルド・フライの思いもよらない巡礼の旅』

レイチェル・ジョイス著、亀井よし子訳

講談社

美しい小説。定年になったハロルドが思わぬ旅に出た。本人も無自覚だったその深い動機とは。

人間なんだってできるんだからね」

ポケットにはデビットカードが入った財布だけ。その道中で、なぜ彼がそのような旅に出なければならなかったのかや、人生の苦い記憶と苦悩、そして秘密が旅の進行につれて徐々に明らかにされていきます。様々な出会いや珍道中が繰り広げられ、ハロルドの「巡礼の旅」がメディアに取り上げられて多くの人が同行しようとやってくるなど、大騒動になります。

報道が仕掛けた熱狂はあっという間に去り、やがてハロルドは一人旅に戻ります。再び一人ぼっちになったハロルドと共に27章にたどり着くと、すべての伏線が一つにまとまり、ハロルドを一見、無鉄砲な巡礼に突き動かす動機となった衝撃の事実が明らかになります。

きっと著者は、この章を書くためだけにこの物語を書いたのでしょう。様々な人生の悲喜こもごもを味わってきた読者の皆さんであれば、ここで内側からこみあげてくる熱い共感に思わず涙してしまうかもしれません。そして読んだ後はきっと、魂が洗われたようにすっきりとした気持ちになることでしょう。そう、ハロルドと一緒に。

極上の小説で人生とは、巡礼とは、といったテーマを堪能した後は、「やはり小説では物足りない」という人のためにとっておきの本を用意しました。**『ブッダのことば　スッタニパータ』**（岩波文庫）です。

原点（古典）に立ち戻るという私のいつものパターンですが、巡礼の原点にここでいったん立ち返ってみましょう。ブッダの思想の根本は生老病死です。ブッダはそもそも、なぜ老いや病、死といった苦しいことがこの世にはあるのだろうと考えて、出家をしようと思い立ったといいます。

ブッダの時代から、老いは人生の大きな悩みの一つだったわけです。ブッダの言葉を記した仏教典というのは星の数ほどありますが、その中で一番古くて、ブッダの言葉に近いと言われているのがこのスッタニパータです。

翻訳者の中村元さんの文章はとても読みやすいので、ハロルドの小説で少し気持ちが浄化されて、自分自身の過去を振り返って人生の来し方を頭の中に並べてみた後で、さらに人としての原点に戻ってブッダの言葉をかみしめてみませんか。ブッダの言葉は真の箴言です。

さて、古典中の古典の箴言を味わうと、「箴言は確かに素晴らしいけれども、もう少しロジカルに考えたいな」と思うかもしれません。そこでオ

087

『ブッダのことば
スッタニパータ』

中村元訳

岩波文庫

口伝で伝えられた、仏教という形式になる前のブッダの言葉をまとめたもの。

ススメなのは、河合隼雄の**『生と死の接点』**（岩波書店）です。

河合隼雄は臨床心理学者であり、人間の心理を一生かけて深く勉強し、追求した人です。箴言を読んでいろいろと思うところがあったら、人間が生きるとか死ぬとかいうのはどういうことなのか、河合の著作でもう一度頭を整理してみましょう。

この本の面白さの一つは、冒頭のボーヴォワールに通じる部分もありますが、ボーヴォワールが「老い」をめぐる内面や環境、歴史文化などに着目して横断的に分析したのに対し、河合は「人の生死」について、童話や神話、宗教や生活慣習の歴史などを素材に、一つの「ライフサイクル」として縦断的に心理学の切り口から様々に検討しているところです。

088

『生と死の接点』

河合隼雄著

岩波書店

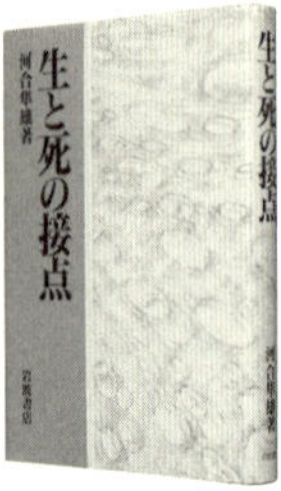

老いと死について、臨床心理学を基盤に昔話や文学などからも引いて考察する。

河合の本では、宗教や学際的研究で分類されている人生の軌跡を「自我確立の過程」とみなし、ライフサイクルとしていくつか紹介し、「老いや死」を横断的に見るだけではなく、人生をタテの線で分析しているのです。

例えば、ユダヤの教典「タルムード」の中では、ライフサイクルはこんな感じで表現されているそうです。

「5歳は読書、10歳は律法、13歳は道徳的責任、15歳は抽象的論証、18歳は婚礼、20歳は職に就く、30歳は十分な力をつける、40歳は理解し、50歳は助言を与え、60歳は長老となり、70歳は白髪、80歳は年齢の新しい特別な力を得て、90歳は歳月の重みに曲がり、100歳はあたかももう死んで、この世を去ったかのようになる」。大体18～20歳で社会人となり、自分の地位を築き、40歳では理解する人になる、とされているわけです。

また、紀元前7世紀ごろに活躍したソロンは、7年を単位として人生をこのように表現しました。

「0～7歳は未熟、7～14歳は成人男子に近づく萌芽がみられ、14～21歳は四肢が成長を続け、頬のばら色が消えうせる。21～28歳は成人男子としての力が熟し最高となり、真価が明らかになる。28～35歳は、求愛の季節。35～42歳は徳へ開いてきた心がさらに広がり、無益な行為には決して走らない。42～56歳はことばと精神の全盛期、56～63歳はまだ有能だが話や才知は精彩に欠けてくる。63～70歳まで生きた者は、死という引き潮にのって立ち去るときとなる」

河合隼雄の本で「生と死」について頭をいったん整理したら、最後に、私の一番の愛読書をご紹介したいと思います。149ページでも触れた『ハドリアヌス帝の回想』(白水社)です。

「今のあなたが、残りの人生で一番若い」

ハドリアヌス帝はローマの五賢帝の一人ですが、この本はその賢帝が老境に入り、自らの一生を回想するというスタイルのメモワール仕立ての小説です。人生のすべてが描かれていて、しかも訳が詩人の多田智満子なので、とても文章が洗練されていて美しい。

冒頭は、ハドリアヌスが老いたうえに病のため自由に動けなくなり、醜くなった肉体を嘆くところから始まります。稀代の賢帝が、まっすぐにそんな自分と向き合っている心の様子が克明に描かれています。

ハドリアヌスが病気から少し回復した時のことです。周囲のおべっか使いは、皆「大変よくなりましたね」と次々にお世辞を言うのですが、ハドリアヌスはそんなことを信じはしない。ある国の樵は、来年切ろうと思う木に斧を軽く入れて、しるしをつけて去っていく。来年はあれを切ろうと思って過ごす、今の自分はそのような存在なのだと。ハドリアヌスは徹底的に透徹した意識の持ち主なのです。

老いをテーマとした書評を、すっかり悟った賢帝の回想録で終わるようではきれいにまとめすぎですし、若干「老いって、やっぱり救いがなくて寂しいなぁ」と皆さん、思ってしまうかもしれないですね。そこで最後に、この本を紹介しますので元気になりましょう。**『5ファイブ』**（海と月社）です。

この本は読者に問いかけます。「5年後、あなたはどこにいるのだろう?」。そして、先延ばしの人生を今日で終えよう、とテンション高く呼びかけます。全ページ、キャッチフレーズ風でイラストのようにデザインされた文章で、名著の解説や抜粋や名言、著名人のエピソード、ちょっとしたマメ知識などがちりばめられており、即効性のあるサプリメントのような本です。

そして、この本は最後にこう言い切ります。

「今のあなたが、残りの人生で一番若い」

どうですか？　元気になったでしょうか。

089

『5ファイブ』

ダン・セドラ著、伊東奈美子訳

海と月社

デザインのようにちりばめられた古今東西の名言や質問の数々。人生を最高にするために。

ルバイヤート
幸福な王子
男性論
ECCE HOMO
ヤマザキマリ

PART 9

生きることに迷った時に傍らに置く本

過剰な愚痴、嫉妬、自己承認欲求は人生の無駄

本書ではここまで、比較的真面目なテーマを順次設定してきましたが、たまにはシンプルに、人の幸せって何だろうという、ある意味陳腐だけれども大切な問題についてじっくり考えてみましょう。誰しも生きることに迷う時期があるものです。

このテーマの場合、最初から重い本を読むのはオススメできませんので、1冊目は軽い小説から入りましょう。パウロ・コエーリョの**『アルケミスト 夢を旅した少年』**（角川文庫）です。

これは寓話風の物語なのですが、大人が読んでも大変示唆に富み、全編にわたって心に刺さる名セリフのオンパレードです。ずっとエリート街道のキャリアを歩んできた人よりも、何度も周囲の人たちから「あいつはもう終わった」などと陰口を言われながらも、自分のやりたいことを貫いて生きてきたような方にはぐっと心に刺さることでしょう。

この物語を一言で言えば、青い鳥のお話です。アンダルシーア地方に住む少年が、エジプトのピラミッドを目指して旅に出ます。とはいっても、少年も最初はピラミッドについて漠然とした知識

090

『アルケミスト
夢を旅した少年』

パウロ・コエーリョ著
山川紘矢訳、山川亜希子訳

角川文庫

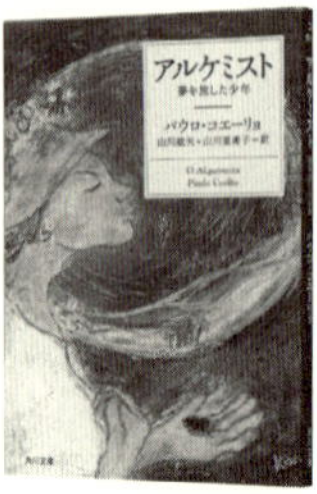

羊飼いの少年が、ピラミッドを目指す。夢に生きるとは、人生を全うするとは。

と憧れしか持っていませんでした。

しかも、夢に向かって突き進む途中で、愛想よく近づいてきた「友人」に騙されて全財産をなくしたり、まだ夢の入り口に立つ前から思わぬ安住の地を得て、生活を変えるのがいやになって葛藤したり。そして、ピラミッドについて情報を得て深く知るにつれ、ピラミッドを見に行きたいという夢が、実は当初思った以上に困難だということが分かり、目の前が真っ暗になったりもします。

しかし少年は、「何かを強く望めば宇宙のすべてが協力して実現するように助けてくれる」「前兆に従う」というある老人の言葉を信じ、とにかく前向きに夢の実現に向かって歩いていく。物語が進むにつれて飛び出す登場人物の言葉が、実に示唆に富んでいるのです。

「結局、人は自分の運命より、他人が羊飼いやパン屋をどう思うかという方が、もっと大切になってしまうのだ」

「僕は他の人と同じなんだ。本当に起こっていることではなく、自分が見たいように世の中を見ていたのだ」

人生を考えれば、目の前に起こった出来事をどう受け止め、分析し、これから自分の行動をどう変えられるかが、将来のすべてを決めるといっても決して過言ではありません。他人の気持ちや物事の大きな「流れ」を変えることはできないのですから。

余計なことを考えるのは苦痛の中にいないから

さて、軽い小説から入りましたが、きっと正面から人生に向き合いたいという読者もいるでしょう。悩んでいる人には、吉野源三郎の**『君たちはどう生きるか』**（岩波文庫）がオススメです。

15歳の男の子とおじさんが語り合うというスタイルの古典的な作品で、子供向けに書かれたものですが、大人がもう一度読み直しても深いものがあります。

「世間には、他人の眼に立派に見えるように、見えるようにと振る舞っている人が、ずいぶんある。そういう人は、自分がひとの眼にどう映るかということを一番気にするようになって、本当の自分、ありのままの自分がどんなものかということを、つい、お留守にしてしまうものだ。僕は、君にそんな人になってもらいたくないと思う」

「君自身が心から感じたことや、しみじみと心を

091

『君たちはどう生きるか』

吉野源三郎著

岩波文庫

少年コペル君とおじさんが語り合う形式で、まっとうな生き方についてじっくり話し合う。

動かされたことを、くれぐれも大切にしなくてはいけない。それを忘れないようにして、その意味をよく考えてゆくようにしたまえ」

「いろいろな経験を積みながら、いつでも自分の本心の声を聴こうと努めなさい」

この本を読んだ時、私は人生に正面から向き合わないといけない、逃げたらいけない、直球勝負だと思いました。

次に、本格的な古典を味わうことにしましょう。**『幸福論』**（岩波文庫）といえばやはりアランです。この本は、ぱらぱらめくると、短い文章がたくさんちりばめられています。一つひとつはとても読みやすいのでぜひ手元に置いて読んでみてください。1日1格言のような感じで取り組めます。

今、自分が不機嫌なのも、悪いことがあって落ち込んでいるのも、結局は血の巡りが悪いだけだったり、食べたモノや量だったり、寒過ぎたり暑過ぎたり、ずっと立ちっぱなしで疲れているだけだったり、たまたまヒマなだけだったりと、ちょ

092

『アラン幸福論』

アラン著、神谷幹夫訳

岩波文庫

定番、アランの幸福論。疲れたなと思ったら、友人と食事をしてゆっくり寝よう。

っとした、すぐにも改善できることの積み重ねに影響されていることが実は多いのです。

幸福なんてそんなもの、と小さなことをくよくよ考えず、適度に忙しくすべきことをして、そんなサイクルなのかもしれないと達観して、努めて上機嫌になろうとするだけでも、意外に気分は変えられます。「ふりをして」忙しくしてみることも情念にがんじがらめにされないで生きるコツかもしれません。ヒマだと人間はろくなことを考えませんから。

素晴らしい一節はたくさんありますが、以下、ほんの一部を引用しましょう。

「われわれはあまりにも簡単に、あまりにもささいな原因で泣き言をいう。しかも、ほんとうの苦痛を迎える状況になると、その苦痛をいかにも見せびらかさねばならないと思っている。この点については、教会の堂守くさいまちがった判断が広まっている。上手に泣くことのできる人は何でも許してもらえるというのである」

「憂鬱なパッションを味わっていられるのは、自分自身が苦痛のただ中にいないからだ。そのかぎりでは、ぼくにも有益な教えである。でも、ほんとうの苦痛が訪れたら、その時自分がなすべきことはただ一つしかない。人間らしく振舞い、強く生きること。おのが意志と生命《いのち》とを一つにして、不幸と敢然とたたかうことだ」

また、**『幸福論』**（岩波文庫）といえばラッセルも定番です。ラッセルはアランよりもロジカルです。一言で言えば、外の世界は広いし、面白いことがたくさんある。内向きにならずに、好奇心の対象を外の世界に広げ続けていけたら人間という動物は幸せになれるのだという、とても当たり前でかつ前向きな内容です。

「権力欲は、虚栄心と同様、正常な人間性の中の強力な要素であり、それなりに受け入れなければならない。権力欲が嘆かわしいものになるのは、度が過ぎたり、不十分な現実感覚と結びついている場合に限られる」

「気分は幸運な事件があれば変わるし、体調の変化によっても変わるけれども、議論によって変えることはできない」

「成功は幸福の一つの要素でしかないので、成功を得るために他の要素がすべて犠牲にされたとすれば、あまりにも高い代価を支払ったことになる」

「人間疲れれば疲れるほど、仕事をやめることができなくなる。ノイローゼが近づいた徴候の一つは、自分の仕事はおそろしく重要であって、休暇をとったりすれば、ありとあらゆる惨事を招くことになる、と思い込むことである」

093

『ラッセル幸福論』

B.ラッセル著、安藤貞雄訳

岩波文庫

内向きに生きて煮詰まるよりも、広い外の世界を見ていればきっと幸せになれる。

「あきらめには、二つの種類がある。一つは絶望に根ざし、もう一つは不屈の希望に根ざすものである」
「幸福な人とは、客観的な生き方をし、自由な愛情と広い興味を持っている人である」

さて、二つの古典になじんだら、きっと本を読む体力もついてきたと思いますので、本丸を攻めましょう。アリストテレスの**『ニコマコス倫理学』**（岩波文庫）です。

この本は、幸福とは何か、よく生きるとはどういうことかということについて、徹底的に思考を尽くして書かれた古典中の古典です。

これを読むことによって、幸福とは何かだけではなく、西洋の典型的な論理的な考え方を体得する鍛錬ができます。少し難しい本ではありますが、ロジカルシンキングが身に付くこと請け合いなので、とてもお得です。コンサルティング会社出身者がよく出しているロジカルシンキングのハウツー本のようなものより、何百倍も役に立つこと、間違いなしです。

094

『ニコマコス倫理学』

アリストテレス著、高田三郎訳

岩波文庫

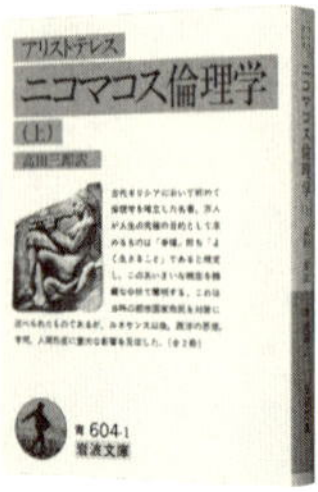

人類史上最大の知識人アリストテレスが、幸福について深く論考を重ねた一冊。

声の大きい人の声が真実ではない

『ニコマコス倫理学』を攻略して、高い山に登ったので後は少し一休みしましょう。そこで、**『ルバイヤート』**（岩波文庫）の出番です。詩集なので、ビールでも飲みながら読みましょう。

「酒をのめ、それこそ永遠の生命だ、／また青春の唯一《ゆいつ》の効果《しるし》だ。／花と酒、君も浮かれる春の季節に、／たのしめ一瞬《ひととき》を、それこそ真の人生だ！」

『ルバイヤート』で好きなページを開いて、そのまま寝てしまってもいいのですが、今回は『アルケミスト』という寓話から始めましたので、最後も寓話、童話で締めたいと思います。オスカー・ワイルドの**『幸福な王子』**（新潮文庫）です。

9編の童話が収められたとても短い本です。読者の皆さんも、子供の頃に読んだことがあるのではないでしょうか。オスカー・ワイルドは斜に構

095

『ルバイヤート』

オマル・ハイヤーム著、小川亮作訳

岩波文庫

この一瞬を楽しめと強調しつつ、生きることの嘆き、懐疑、希望、憧れを歌う。

えたところもあるので、社会風刺もたっぷり楽しめます。

善意がとことん踏みにじられてそのままになったり、命を懸けた思いやりが手ひどい仕打ちで無視されたりと、必ずしもハッピーエンドではないところに、妙に現実感があります。詩人なので文章も格調高いです。大人になって再読すればとても味わい深いと思います。

ここで終わりにしようと思いましたが、格調高く終わるよりは元気に終わりたいところですね。そこで最後に、あの「テルマエ・ロマエ」の著者ヤマザキマリさんが書いた**『男性論 ECCE HOMO』**（文春新書）をオススメします。

この本は男性論というタイトルになっていますが、人がよりよく生きるための処方箋が満載されています。古代ローマ、ルネサンスの時代から安部公房、水木しげるさん、現代のスティーブ・ジョブズまで。好奇心の塊になって生きてきた熱き男たちの波乱に満ちた人生を取り上げながら、古今東西、魅力的な男の人生を語り尽くしている本です。

ヤマザキさんはあとがきで、いろいろな書物を読んだり、絵や映画を見たり、音楽を聴いたり、

096

『幸福な王子』

オスカー・ワイルド著、西村孝次訳

新潮文庫

幸福な王子はなぜ涙を流すのか。哀れなナイチンゲールの好意が迎えた最期。全9編。

旅をしたりなどして想像力を駆使することを通じて「自分自身で時間をかけて『辞書』を作り上げていくこと」がとても大事だと説いています。確かに、自分の経験に根ざした自分だけの辞書があれば、他人の誹謗中傷や無理解、思わぬ不運にも負けず、自分を信じて明るく生きていけるに違いありません。

人の愚かさを思い切りデフォルメしている『幸福な王子』は、いい意味でも悪い意味でも人間社会の表層を鋭く見事に切り取った寓話です。現実の人々は、表面的にはそのように見え、感じられることがあっても、そこまでモノの分からない人ばかりで構成されているわけではありません。口数が多く、声の大きい人の声が決して「真実」ではありません。

「『済んだことに愚痴を言う』『人を羨ましいと思う』『人に褒めてもらいたいと思う』、人生を無駄にしたければ、この3つをたくさんどうぞ」という言葉がありますね。これまで挙げた本の数々は皆さんの中にあるオリジナルな辞書を豊かにすると思います。それが、少しでも皆さんの生きる力を強くすることにつながれば、これほど嬉しいことはありません。

097

『男性論 ECCE HOMO』

ヤマザキマリ著

文春新書

「テルマエ・ロマエ」の著者ヤマザキマリ氏が描く、人生に必要な「辞書」の作り方。

三大陸周遊記 抄
イブン・ジュバイルの旅行記
インド日記
牛とコンピュータの国から
KAREL ČAPEK
中国奥地紀行 1
朝鮮紀行

新たな人生に旅立つあなたに捧げる本

見聞きしたファクトの
追体験が深い学びにつながる

PART 10

最終章のテーマは「旅」です。私が無類の旅行好きであることは、本書まえがきでも触れました。ただ、実際に各地を訪れ、現地の空気や風景、風土を味わうことができる機会はどうしても限られます。

今回は忙しい中でもわくわくした旅を疑似体験でき、かつ旅から得られる学びも共有できるような優れた本をご紹介したいと思います。転職などで新たな人生に旅立つ皆さんに、旅の楽しさを味わってほしいと思うからです。

まず私が少年のころに一番憧れたのは、実はこの本でした。作家の小田実による**『何でも見てやろう』**（講談社文庫）です。

098

『何でも見てやろう』

小田実著

講談社文庫

奨学金を得て留学した小田実が1960年代に世界中を旅してまわった見聞録。

小田実は、大阪出身、東京大学文学部卒の元代々木ゼミナール講師です。ベトナム戦争期に「ベ平連」を結成した活動家としても知られていましたが、2007年に75歳で亡くなりました。『何でも見てやろう』はいわゆる60年安保の時期にあたる1959年、若き小田実が米国のフルブライト奨学金でハーバード大学に留学した際の体験をつづった本です。
1枚の帰国旅券と持参金わずか200ドルで、1日1ドルで世界中を歩き回った記録です。欧米アジア22カ国を体当たりのコミュニケーションとバイタリティーで歩き回った様子が、実に生き生きと鮮やかに描かれています。

人間はビフテキが食べたくて世界各地に散らばった

099

『深夜特急』
1〜6

沢木耕太郎著

新潮文庫

インドのデリーから英国ロンドンまで行こう——。1年以上にわたるユーラシア放浪の旅。

かなり昔に書かれた本にもかかわらず、みずみずしい感性にあふれたこの本は、今も現地の人の表情や体温、ほこりまみれの空気やにおいまでが感じられるような、五感をくすぐる楽しさにあふれています。世界を見てやろう、何でも見てやろう、という意気込みで世界を全部見て、感じて、記録したこの旅行記には本当に憧れたものです。読んだ後、「ああ、世界って本当に広いんだなぁ」としみじみ感じた記憶が残っています。

小田実だとちょっと古いかな、と感じる方には、沢木耕太郎さんの**『深夜特急 1～6』**（新潮社文庫）シリーズをオススメします。どちらも、未知の場所を訪れる楽しみに満ちた本です。

そもそも、旅が楽しいのはなぜでしょうか。人間をホモ・モビリタスと呼ぶ人もいるぐらいで、人とは実は移動する動物なのです。では、人類はいつから旅をしてきたのか、それをさかのぼってみるのもいいのではないでしょうか。

それにうってつけの本があります。お医者さんでもある関野吉晴さんが書いた、**『グレートジャーニー 1～5』**（角川文庫）です。

「グレートジャーニー」とは、太古、アフリカに誕生した私たちの祖先が、南米最南端まで歩いてたどり着いた長い旅路のことです。著者たちのチームは、太古の人たちと同じように、自分の手足だけでそのグレートジャーニーの道のりを逆にたどってみる旅に挑戦しました。

100

『グレートジャーニー』
1～5

関野吉晴著

角川文庫

アフリカで誕生した人類の旅を、医師である著者らのチームが逆ルートからたどる。

あえて比べると、小田実や沢木耕太郎さんの場合は、人とのふれあいや戸惑い、異文化体験が中心ですが、こちらは自然との闘いが中心です。珍しい写真も豊富で、大変読みやすい本です。

ホモ・サピエンスは、15万〜20万年前にタンザニアの大地溝帯で生まれました。ただ、10万年ほどその周辺で暮らしていると、人口はそれほど増えないにしても、周囲にいるウシやシマウマはほとんど食べ尽くしてしまいます。もちろん、当時は大した武器があるわけではないので絶滅はしていませんが、そうそう簡単には獲れなくなった。

人はウサギでもトリでも食べられる雑食性の動物なので、生きてはいけます。でも、そこは人間です。中には冒険心に富んだ集団がいて、「自分たちはやっぱり毎日ステーキが食べたい」と思うようになる。

見渡せば、海の向こうにアラビア半島がうっすらと見える。さらにその先にはユーラシア大陸が広がっている。おおそうか、あっちにいったら、ウシやシマウマがたくさんいるに違いないから行ってみようぜ、と冒険好きな人たちが旅立ちます。一方で、「私たちはウサギやトリでええわ」という保守的なグループもいて、ここで二つに分かれて、冒険集団が世界各地に散らばっていくわけです。

要するに、ビフテキを求めて世界に散らばっていったのが人間の旅の始まりなのです。

これは実証されていることです。古い地層から大型草食獣の骨の出土が急激に減る時期に、人間の骨がたくさん出始めるのです。人が急激に増える一方で草食獣が減る。それは人が草食獣を食べたから減ったに違いありません。

「伝聞国」の風俗がちりばめられた『大唐西域記』

さて、「グレートジャーニー」で化石でしか類推できない太古の人類の旅を追体験したら、今度は記録に残っているスケールの大きな旅を取り上げてみましょう。

アジアの人で旅といえば、まず三蔵法師でしょう。そう、60ページで述べたおなじみの『西遊記』（岩波文庫）です。誰もが子供の頃に西遊記を読んだことがあるに違いありません。しかし私たち

101

『大唐西域記』
1～3

玄奘著、水谷真成訳

東洋文庫

西遊記のタネ本となった、玄奘の旅行記。歴史に残らない国々がたくさん登場する。

は大人になったので、西遊記はやめてその原典を読んでみましょう。玄奘の**『大唐西域記1～3』**（東洋文庫）です。

西遊記は漫画も出ていますから、西遊記をもう一度読んでみるのもいいかもしれませんが、ここはぜひ『大唐西域記』に挑戦してください。本文の一つひとつの旅に関する記述は決して長いわけではなく、多くは簡潔に書かれています。西遊記の記憶をたどりながら三蔵法師の物語を読んでみましょう。

真っ先に気づくのは、登場する地域や国々が、三蔵法師以外の著名人は恐らく記録してこなかった「伝聞国」の話ばかりだということです。それぞれの国における風俗や僧侶の修行の様子など情報の多寡に違いがありますが、こまめに記されていることに思わず感動を覚えます。

後に西遊記を書いた人たちは、この少ないヒントや情報から刺激を受けて想像を膨らませ、あの驚きに満ちた冒険譚を創り上げたのでしょうね。『宇宙戦艦ヤマト』（秋田書店）も、『西遊記』『大唐西域記』からヒントを得たという話を聞いたこ

102

『イタリア紀行』
上・下

ゲーテ著、相良守峯訳

岩波文庫

ゲーテが旅したイタリア。ワイマールでの暮らしを離れ、芸術家としての自分を取り戻す。

とがあります。

東の旅を終えたら西の旅に行きましょう。『西遊記』ほどの空間的な広がりはないのですが、知識人に大きな影響を与えた旅ということで、ゲーテの**『イタリア紀行 上・下』**（岩波文庫）を挙げたいと思います。

ゲーテは、ワイマールでの生活にうんざりし、妻との関係に疲れ、かつ子供のころから抱いていたイタリアに対する憧れを募らせ、ついに逃避行の旅に出ます。美しい自然や古代美術の中に身を置いたゲーテはここで自分を取り戻し、後の政治家及び詩人・作家としてのゲーテが完成したと言われています。そのゲーテによるイタリアの見聞録は、健全な知的探究心に基づく観察眼と鋭い美的感覚にあふれています。この本が後に多くの知識人に大変な影響を与えたというのも、当然でしょう。

さすがゲーテだけに、旅行記の合間に、はっとするような本質的なことが書かれていたりします。「文書や口頭による伝達に対していかに有利な弁

103

『三大陸周遊記 抄』

イブン・バットゥータ著、前嶋信次訳

中公文庫

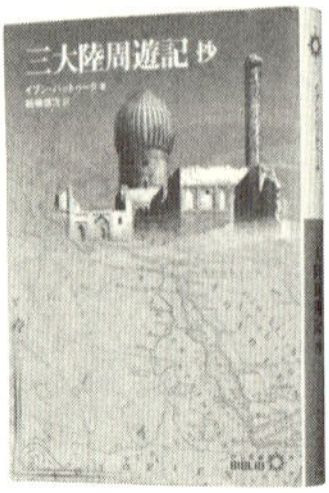

14世紀、マッカへの巡礼の旅を続けつつ、トルコ、中国、アフリカと旅した青年の旅行記。

護がなされようとも、結局それはごく少数の場合のほかは大てい不完全なものである。何かあるものの真の本質を伝達しようというのはそもそもできない相談であり、精神的な事柄においてさえそうである。しかし人がひとたびしっかりと実物を見ておきさえすれば、読書をしても、また人から話を聞いても興が深い。それは活きた印象と結びつくからであって、そこで初めてわれわれは思考したり判断したりすることができる」

旅が深い学びにつながる、ということはゲーテも実感していたようです。

このような話を続けていくと、「せっかくだから東西双方に旅行した人はいないのでしようか」という疑問がわいてくるかもしれません。それがいるのです。イブン・バットゥータといいます。彼の著した**『三大陸周遊記 抄』**(中公文庫)が次のオススメです。

彼はマッカ(メッカ)への巡礼をきっかけに旅をつづけ、14世紀のアフリカ大陸、ヨーロッパ大陸、アジア大陸を旅した人です。イスラムはユーラシアの中央部を占拠していたわけですが、宗教を足がかりにした大旅行というのは、少し『大唐西域記』を思わせるところもありますね。宗教を

104

『イブン・ジュバイルの旅行記』

イブン・ジュバイル著
藤木勝次訳、池田修監訳

講談社学術文庫

12世紀の青年が繰り広げた、苦難の長い旅。十字軍時代のイスラム社会を克明に描く。

軸にしているぶん、文化や思想、風俗への目配りも冷静に観察が行き届いています。

世界史の授業を取った人は、このイブン・バットゥータと『**イブン・ジュバイルの旅行記**』（講談社学術文庫）について、名前を聞いたことぐらいはあるでしょう。どちらも名著ですが、かなり古い本ですので、「昔の本ばかりで、今の本はないのか」という人もいるでしょうね。そこで、現代の本をピックアップしました。

良質の旅行記はスリルと驚きにあふれている

105

『インド日記』

小熊英二著

新曜社

グローバリゼーションに揺れる多民族国家インドの現代を捉えた旅行記。

今、世界で一番混沌としていて面白い国はどこでしょうか。その一つは恐らくインドではないでしょうか。そのインドを旅した社会学者の本をご紹介しましょう。『**インド日記**』（新曜社）です。

著者は、130ページで紹介した『〈民主〉と〈愛国〉』の小熊英二さん。十数年前の本ですが、イ

106

『スペイン旅行記』

カレル・チャペック著、飯島周訳

ちくま文庫

ナチスに対抗した著者が、スペインの風俗や民族を生き生きと描いた旅行記。

107

『中国奥地紀行』1・2

イザベラ・バード著、金坂清則訳

東洋文庫

英国人女性によるアジア紀行。揚子江流域をさかのぼり、奥地に至る旅の記録。

ンドの旅行記でこの人の本ほど面白い本はないと思います。日本との対比も含め、等身大の現在のインドの状況が、余すところなく描かれています。インドを旅する前にこれ一冊を読んでおくと、旅の楽しさが倍増すること請け合いです。

「インドではなくヨーロッパを仮想体験したい」という読者には、カレル・チャペックの『**スペイン旅行記**』（ちくま文庫）をオススメします。

カレル・チャペックはチェコに生まれ、ナチスの全体主義と戦ったジャーナリストであり小説家です。世界の多様な風景や風俗を心から愛した彼の旅行記はどれを読んでも面白いのですが（たくさん書いています）、できればスペインを旅行される前に一番、読んでいただきたい一冊です。

ユーモラスで躍動感あふれた描写は読みやすくて楽しく、明るくて、きっと愉快な旅のお供になってくれるでしょう。そして、読みながら「え〜っ」と思うことも多いかもしれませんね。1929年の旅について書かれたものですが、そうした古さを感じさせません。ヨーロッパの町並みはどこも、昔からそれほど変わっていないのです。

それから、中国の旅に関してもいい本があります。イザベラ・バードの**『中国奥地紀行1・2』**（東洋文庫）です。

明治時代に、独身のイザベラ・バードが一人で東洋を周遊しながら書いた旅行記です。書いている内容が実に淡々としているところが、かえって面白いのです。日本人にありがちな思想的な偏見などが見られないのです。その意味では**『朝鮮紀行』**（講談社）もオススメです。文化的に距離がある方が、かえって異国をきちんと理解できる部分があるのかもしれません。

さて、世界をなるべく網羅してご紹介しましたが、いかがでしょうか。全体を通して感じることは、上質の旅行記というものは、現実の見聞記でたとえ日記のような体裁でありながらも、まるで小説のようなスリルと新鮮な驚きに満ちあふれて

108

『朝鮮紀行』

イザベラ・バード著、時岡敬子訳

講談社学術文庫

日清戦争など混乱を極めた19世紀末朝鮮に旅し、王室から風俗まで記録。

いるということです。著者特有の問題意識や観察眼、センスで描写された異国の情景はきっと皆さんの好奇心を刺激し、日々の仕事に忙殺されている私たちの一服の清涼剤となり、生活に彩りを与えてくれることでしょう。新たな人生に旅立つ前に、ぜひ一冊か二冊手に取って読んでみてください。

編集者のあとがき

ライフネット生命の出口治明さんに初めてお会いしたのは、2012年夏のこと。週刊経済誌「日経ビジネス」で経営者の推薦書を紹介する夏の読書特集の取材に伺ったのがきっかけでした。特集メンバーの間で出口さんの名前が挙がり、以前保険業界を担当した経験があったことから、「ぜひお会いしてみよう」と手を挙げたのです。

この時は、本書でも紹介されている『近代世界システム』や『定本 想像の共同体』などがラインアップされました。それらの本を実際に読んでみて、得るものが多いことに感銘を受けました。

日々のビジネスコラムの編集や取材執筆に追われているとまとまったインプットの時間はなかなかなく、書店に行ってもうまくいい本を探す手立てがありません。稀代の読書家である経営者・出口さんのセレクションは、忙しいけれど質の良い本だけは読んでおきたい本好きにとって、格好の知的ガイダンスになり得ます。気づいたら「この楽しさを読者と共有したい。出口さんの読書コラムを展開したい」と、説得に伺っていました。

編集者が取材して書くという出口さんの条件つきで始まったこのコラム、スタートしてみると、想像以上に手間のかかる作業でした。出口さんは選書し、選んだ理由と大枠の狙いを話してくださいますが、詳細な中身についてはこちらで「現物（＝本）」に当たり考えなければなりません。毎月、紹介いただく骨太な本を仕入れては、なるべく多く読破していく日々が続きました。普通の鞄では重みに耐えられず、「火をつけても燃えない」という都市伝説のある某ブランドのリュックを買い、細切れ時間に読むため常に本を持ち歩きました。取材先からは「大きな重そうな鞄ですねぇ」と笑われることもしばしばでした。

こうして教養のタネを出口さんの記憶の底から引っ張り出し、少しずつ書きためていった読書コラムですが、気づいたら大変な分量になり、書籍化することになりました。この本が、読者の日常にさりげなく寄り添い、元気になりたい時や迷った時の良き伴侶になることを願ってやみません。

日経ビジネス　広野彩子

まえがき

1 『アノスミア わたしが嗅覚を失ってからとり戻すまでの物語』（モリー・バーンバウム著、ニキ リンコ訳、勁草書房）

PART 1 リーダーシップを磨くうえで役に立つ本

2 『ローマ政治家伝I カエサル』（マティアス・ゲルツァー著、長谷川博隆訳、名古屋大学出版会）
3 『ローマ政治家伝II ポンペイウス』（マティアス・ゲルツァー著、長谷川博隆訳、名古屋大学出版会）
4 『ガリア戦記』（カエサル著、近山金次訳、岩波文庫）
5 『ローマ人の物語 ユリウス・カエサル ルビコン以前 上・中・下』（塩野七生著、新潮文庫）
6 『プルターク英雄伝』（河野与一訳、岩波文庫）
7 『採用基準』（伊賀泰代著、ダイヤモンド社）
8 『指輪物語』（J.R.R.トルーキン著、瀬田貞二訳、田中明子訳、評論社文庫）
9 『君主論』（マキアヴェッリ著、河島英昭訳、岩波文庫）

PART 2 人間力を高めたいと思うあなたに相応しい本

10 『韓非子 第1～4冊』（韓非著、金谷治訳注、岩波文庫）
11 『ブッデンブローク家の人びと 上・中・下』（トーマス・マン著、望月市恵訳、岩波文庫）
12 『夏の砦』（辻邦生著、文春文庫）
13 『王書』（フェルドウスィー著、岡田恵美子訳、岩波文庫）
14 『チェーザレ・ボルジアあるいは優雅なる冷酷』（塩野七生著、新潮文庫）
15 『ドン・キホーテのごとく セルバンテス自叙伝』（スティーヴン・マーロウ著、増田義郎訳、文藝春秋）
16 『朗読者』（ベルンハルト・シュリンク著、松永美穂訳、新潮文庫）
17 『供述によるとペレイラは…』（アントニオ・タブッキ著、須賀敦子訳、白水Uブックス）

18 『白い城』（オルハン・パムク著、宮下遼訳、宮下志朗訳、藤原書店）

PART 3

仕事上の意思決定に悩んだ時に背中を押してくれる本

19 『脳には妙なクセがある』（池谷裕二著、扶桑社新書）
20 『貞観政要（新釈漢文体系）上・下』（原田種成著、明治書院）
21 『宋名臣言行録』（梅原郁著、講談社）
22 『戦争論 上・下』（クラウゼヴィッツ著、篠田英雄訳、岩波文庫）
23 『自分のアタマで考えよう』（ちきりん著、ダイヤモンド社）
24 『宇宙は本当にひとつなのか』（村山斉著、講談社ブルーバックス）
25 『宇宙論と神』（池内了著、集英社新書）
26 『バウドリーノ 上・下』（ウンベルト・エーコ著、堤康徳訳、岩波書店）
27 『西遊記 一〜十』（中野美代子訳、岩波文庫）
28 『三國志逍遙』（中村愿著、安野光雅画、山川出版社）
29 『預言者』（カリール・ジブラン著、佐久間彪訳、至光社）

PART 4

自分の頭で未来を予測する時にヒントになる本

30 『2050年への構想 グローバル長期予測と日本の3つの未来〜経済一流国堅持の条件〜』（日本経済研究センター）
31 『2052 今後40年のグローバル予測』（ヨルゲン・ランダース著、野中香方子訳、日経BP社）
32 『2050年の世界 英「エコノミスト」誌は予測する』（エコノミスト編集部、船橋洋一解説、東江一紀訳、峯村利哉訳、文藝春秋）
33 『第五の権力 Googleには見えている未来』（エリック・シュミット著、ジャレッド・コーエン著・櫻井祐子訳、ダイヤモンド社）
34 『ユートピア』（トマス・モア著、平井正穂訳、岩波文庫）
35 『一九八四年』（ジョージ・オーウェル著、高橋和久訳、ハヤカワ文庫）
36 『すばらしい新世界』（ハックスリー著、松村達雄訳、講談社文庫）

37 『迷宮に死者は住む ―クレタの秘密と西欧の目覚め―』(ハンス・ゲオルグ・ヴンダーリヒ著、関楠生訳、新潮社)
38 『地図と領土』(ミシェル・ウエルベック著、野崎歓訳、筑摩書房)

コラム1 出口流、本の選び方

PART 5 複雑な現在をひもとくために不可欠な本

39 『アンダルシーア風土記』(永川玲二著、岩波書店)
40 『気候で読み解く日本の歴史』(田家康著、日本経済新聞出版社)
41 『歴史』(ヘロドトス著、松平千秋訳、岩波文庫)
42 『史記列伝』(司馬遷著、小川環樹訳、今鷹真訳、福島吉彦訳、岩波文庫)
43 『イタリア絵画史』(ロベルト・ロンギ著、和田忠彦訳、柱本元彦訳、丹生谷貴志訳、筑摩書房)
44 『日本のピアノ100年』(前間孝則著、岩野裕一著、草思社)
45 『国宝神護寺三像とは何か』(黒田日出男著、角川選書)
46 『モンゴル帝国の興亡 上・下』(杉山正明著、講談社現代新書)
47 『東方見聞録』(マルコ・ポーロ著、愛宕松男訳注、平凡社)
48 『1940年体制』(野口悠紀雄著、東洋経済新報社)
49 『昭和史』(半藤一利著、平凡社)
50 『敗北を抱きしめて 上・下』(ジョン・ダワー著、三浦洋一訳、高杉忠明訳、岩波書店)
51 『〈民主〉と〈愛国〉』(小熊英二著、新曜社)

PART 6 国家と政治を理解するために押さえるべき本

52 『田中角栄 戦後日本の悲しき自画像』(早野透著、中公新書)
53 『首相支配――日本政治の変貌』(竹中治堅著、中公新書)

54 『変貌する民主主義』（森政稔著、ちくま新書）
55 『職業としての政治』（マックス・ヴェーバー著、脇圭平訳、岩波文庫）
56 『人間の条件』（ハンナ・アレント著、志水速雄訳、ちくま学芸文庫）
57 『政治思想論集』（カール・シュミット著、服部平治訳、宮本盛太郎訳、ちくま学芸文庫）
58 『小説フランス革命11 徳の政治』（佐藤賢一著、集英社）
59 『物語 フランス革命 バスチーユ陥落からナポレオン戴冠まで』（安達正勝著、中公新書）
60 『フランス革命の省察』（エドマンド・バーク著、半沢孝麿訳、みすず書房）
61 『アメリカのデモクラシー 1巻上～2巻下』（トクヴィル著、松本礼二訳、岩波文庫）
62 『トクヴィルが見たアメリカ』（レオ・ダムロッシュ著、永井大輔訳、高山裕二訳、白水社）
63 『世界をゆるがした十日間 上・下』（ジョン・リード著、原光雄訳、岩波文庫）
64 『ワイルド・スワン 上・中・下』（ユン・チアン著、土屋京子訳、講談社文庫）

PART

7 グローバリゼーションに対する理解を深めてくれる本

65 『ペルリ提督 日本遠征記 1～4』（土屋喬雄訳、玉城肇訳、岩波文庫）
66 『ペリー』（佐藤賢一著、角川書店）
67 『大君の通貨 幕末「円ドル」戦争』（佐藤雅美著、文春文庫）
68 『近代世界システムI――農業資本主義と「ヨーロッパ世界経済」の成立』（I・ウォーラステイン著、川北稔訳、名古屋大学出版会）
69 『クアトロ・ラガッツィ 天正少年使節と世界帝国 上・下』（若桑みどり著、集英社文庫）
70 『モンゴル帝国が生んだ世界図』（宮紀子著、日本経済新聞出版社）
71 『黒いアテナ 上・下』（マーティン・バナール著、金井和子訳、藤原書店）
72 『ベネディクト・アンダーソン グローバリゼーションを語る』（梅森直之編著、光文社新書）
73 『定本 想像の共同体』（ベネディクト・アンダーソン著、白石隆訳、白石さや訳、書籍工房早山）
74 『民族という虚構』（小坂井敏晶著、東京大学出版会）

75 『社会心理学講義』（小坂井敏晶著、筑摩選書）
76 『戦後世界経済史 自由と平等の視点から』（猪木武徳著、中公新書）
77 『マッキンダーの地政学』（ハルフォード・J・マッキンダー著、曽村保信訳、原書房）
78 『マハン海上権力史論』（アルフレッド・T・マハン著、北村謙一訳、原書房）
79 『海洋国家日本の構想』（高坂正堯著、中公クラシックス）
80 『世界正義論』（井上達夫著、筑摩選書）

コラム2 出口流、本の読み方

81 『ハドリアヌス帝の回想』（マルグリット・ユルスナール著、多田智満子訳、白水社）

PART 8 老いを実感したあなたが勇気づけられる本

82 『生物学的文明論』（本川達雄著、新潮新書）
83 『老い 上・下』（シモーヌ・ド・ボーヴォワール著、朝吹三吉訳、人文書院）
84 『第二の性』（シモーヌ・ド・ボーヴォワール著、「第二の性」を原文で読み直す会訳、新潮文庫）
85 『おひとりさまの老後』（上野千鶴子著、文春文庫）
86 『ハロルド・フライの思いもよらない巡礼の旅』（レイチェル・ジョイス著、亀井よし子訳、講談社）
87 『ブッダのことば スッタニパータ』（中村元著、岩波文庫）
88 『生と死の接点』（河合隼雄著、岩波書店）
89 『5 ファイブ』（ダン・セドラ著、伊東奈美子訳、海と月社）

PART 9 生きることに迷った時に傍らに置く本

90 『アルケミスト 夢を旅した少年』（パウロ・コエーリョ著、山川紘矢訳、山川亜希子訳、角川文庫）

91 『君たちはどう生きるか』（吉野源三郎著、岩波文庫）
92 『アラン幸福論』（アラン著、神谷幹夫訳、岩波文庫）
93 『ラッセル幸福論』（B.ラッセル著、安藤貞雄訳、岩波文庫）
94 『ニコマコス倫理学』（アリストテレス著、高田三郎訳、岩波文庫）
95 『ルバイヤート』（オマル・ハイヤーム著、小川亮作訳、岩波文庫）
96 『幸福な王子』（オスカー・ワイルド著、西村孝次訳、新潮文庫）
97 『男性論 ECCE HOMO』（ヤマザキマリ著、文春新書）

PART 10

新たな人生に旅立つあなたに捧げる本

98 『何でも見てやろう』（小田実著、講談社文庫）
99 『深夜特急 1〜6』（沢木耕太郎著、新潮文庫）
100 『グレートジャーニー 1〜5』（関野吉晴著、角川文庫）
101 『大唐西域記 1〜3』（玄奘著、水谷真成訳、東洋文庫）
102 『イタリア紀行 上・下』（ゲーテ著、相良守峯訳、岩波文庫）
103 『三大陸周遊記 抄』（イブン・バットゥータ著、前嶋信次訳、中公文庫）
104 『イブン・ジュバイルの旅行記』（イブン・ジュバイル著、藤木勝次訳、池田修監訳、講談社学術文庫）
105 『インド日記』（小熊英二著、新曜社）
106 『スペイン旅行記』（カレル・チャペック著、飯島周訳、ちくま文庫）
107 『中国奥地紀行 1・2』（イザベラ・バード著、金坂清則訳、東洋文庫）
108 『朝鮮紀行』（イザベラ・バード著、時岡敬子訳、講談社学術文庫）

出口治明

（でぐち・はるあき）

ライフネット生命保険株式会社会長兼CEO（最高経営責任者）

1948年三重県生まれ。京都大学を卒業後、1972年に日本生命保険に入社。
企画部や財務企画部にて経営企画を担当。
ロンドン現地法人社長、国際業務部長などを経て、同社を退職。
2006年にネットライフ企画株式会社設立、代表取締役就任。
2008年にライフネット生命保険株式会社に社名を変更、生命保険業免許を取得。
2013年6月より現職。
著書に『直球勝負の会社』（ダイヤモンド社）、
『生命保険入門 新版』（岩波書店）、
『仕事に効く教養としての「世界史」』（祥伝社）など多数。

ビジネスに効く最強の「読書」

本当の教養が身につく108冊

発行日　2014年6月9日 第1版第1刷

著者　出口 治明
発行者　高柳 正盛
編集　広野 彩子
篠原 匡
発行　日経BP社
発売　日経BPマーケティング
〒108-8646
東京都港区白金1-17-3
http://business.nikkeibp.co.jp/
装幀・レイアウト　中川英祐　中澤愛子
写真　スタジオキャスパー
間野萌
印刷・製本　図書印刷

本書は、日経ビジネスオンラインに掲載された「出口治明の『ビジネスに効く読書』」
（2012年10月～2014年5月）を加筆修正したものです。

　ISBN 978-4-8222-7785-7